LE RICETTE DI CASA CLERICI 2

Si ringrazia:
Arnolfo di Cambio, C&C, Ceramiche Fasano, Designers Guild,
Emile Henry, Livellara, Muji, Opinel, Royal Copenhagen, Rubelli, Wald

Rai Eri
Viale Mazzini 14 - 00195 Roma
rai-eri@rai.it
www.eri.rai.it

....

Art director: Francesca Leoneschi The WorldofDOT
Fotografie: Giandomenico Frassi per tutte le ricette;
Roberto Guberti 6, 9, 15, 22, 83, 128, 191, 267
Styling: Beatrice Prada e Vanessa Pisk

....

Prima edizione: novembre 2011

....

ISBN 978-88-39-71556-2

Antonella Clerici

LE RICETTE DI CASA CLERICI 2

Rai Eri

Sommario

Introduzione

Cari amici,
come posso iniziare questa seconda splendida avventura di "Le ricette di Casa Clerici"? Innanzitutto ringraziando le oltre 600.000 persone (seicentomila, mica pizza e fichi...!) che, tra un romanzo e un saggio sulla politica italiana, hanno scelto di comprare il mio libro uscito un anno fa. L'avete fatto entrando nelle bellissime librerie di tutta Italia, e anche nei centri commerciali, infilandolo nel vostro carrello in mezzo ai detersivi e ai surgelati. Sapere di essere entrata in così tante case mi dà veramente molta gioia!

Cosa potevo fare per dimostrarvi la mia gratitudine e mantenere la vostra già immensa fiducia? Beh, non potevo far altro che sfornare un secondo titolo ancora più ricco e bello del precedente! Pieno di ricette nuove, semplici e sfiziose, che mi vedrete realizzare durante la mia rubrica televisiva ne "La Prova del Cuoco".

"Casa Clerici" ha raccolto un enorme successo. Mi avete vista alle prese con pentoline e frullini, arrosti e tiramisu e, con l'impegno e la tenacia che metto in tutto quello che faccio, porto a termine ogni ricetta. La diretta televisiva non permette trucchi, non ci sono post produzione o possibilità di "rifare" se una scena non viene. Ecco, nella mia rubrica mi sono messa in gioco senza filtri, cercando di dare il meglio di me stessa "costi quel che costi", e spero che sia anche per questo che mi avete premiato con la vostra fiducia e il vostro affetto.

Questo libro sarà ancora più ricco del precedente: tantissime ricette facili facili, alcune delle quali regalate dai miei amici appassionati di cucina, altre dai miei colleghi "vip" con i quali ho condiviso dei momenti fondamentali della mia carriera (che è un po' come se avessimo fatto il militare insieme!) e molte ideate apposta perché le possa rifare in trasmissione. Ci sono anche le ricette "top" dello scorso anno, ovvero i piatti che mi sono riusciti particolarmente bene e che sono piaciuti anche a voi. Ve le ripropongo, ma con una piccola variante che le rende ancora più sfiziose. In più, ho voluto inserire delle ricettine di cui Maelle va ghiotta, pensate per piacere ai bambini... ma talmente buone che so per certo finiranno anche sulle vostre tavole!

Antonella

Antipasti

"Fettunta" toscana con cavolo nero

Ingredienti per 4 persone: 4 fette di pane casereccio, 8 foglie di cavolo nero, 1 spicchio d'aglio, succo di limone, 6 cucchiai di fagioli cannellini già lessati, olio extravergine, sale, pepe. Tempo: 20 minuti.

Lessa il cavolo nero in acqua salata fino a quando le foglie non diventano morbide (2-3 minuti), poi elimina la costa legnosa centrale. Condisci i fagioli con olio, sale e abbondante pepe. Abbrustolisci le fette di pane su una griglia ben calda, strofinale leggermente con l'aglio e disponi su ognuna 2 foglie di cavolo, spruzzandole con qualche goccia di succo di limone. Distribuisci sul cavolo una cucchiaiata di fagioli e irrora ancora con un po' d'olio. Servi subito.

Insalatina croccante con mela e speck

Ingredienti per 4 persone: 120 g di fontina, 1 finocchio, 1 mela verde, 1 sedano rapa piccolo, succo di 1 limone, 100 g di speck affettato, ½ cucchiaino di senape, 4 cucchiai di olio extravergine, sale, pepe. Tempo: 25 minuti.

Taglia il formaggio a dadini, il finocchio e la mela a fette sottili, il sedano rapa a striscioline sottili (julienne) e metti tutto in una terrina abbastanza larga;

spruzza con un po' di succo di limone per mantenere i colori brillanti. Taglia ogni fetta di speck in 2 o 3 pezzi, poi falli abbrustolire in una padella antiaderente ben calda senza aggiungere condimenti (bastano pochi minuti). Quando sarà arricciato e croccante è pronto. In una ciotolina sbatti con la forchetta l'olio, la senape, un cucchiaio di succo di limone, una presa di sale e una di pepe. Irrora con questa salsina l'insalata preparata, mescolando delicatamente, guarnisci con le fettine di speck croccanti e servi. Il sedano rapa è chiamato anche "sedano di Verona"; se non lo trovi in vendita puoi sostituirlo con 3-4 coste di sedano, tagliate a rondelle.

Sfogliatine salate all'uva

Ingredienti per 4 persone: 1 rotolo di pasta sfoglia fresca rettangolare, 50 g di gorgonzola piccante, 16 acini di uva, 1 tuorlo, 4 cucchiai di granella di pistacchi.
Tempo: 25 minuti.
Srotola la pasta sfoglia e ritaglia 16 quadratini. Poni al centro di ogni quadratino un pezzetto di gorgonzola e un acino d'uva, racchiudi l'uva nella pasta portando gli angoli del quadrato verso l'alto e pizzicali insieme. Sigilla tutte le aperture, spennella le sfogliatine con il tuorlo e spolverale con la granella di pistacchi. Cuoci in forno preriscaldato a 200° per 15 minuti.

Spiedini di pane e bracioline

Ingredienti per 4 persone: 1 fetta grande di pane casereccio, spessa 2 cm, 50 g di pancarrè, ½ spicchio d'aglio, prezzemolo, 50 g di pecorino grattugiato, 1 pizzico di origano secco, 4 fettine di vitello sottili (in tutto circa 250 g), olio extravergine, sale, pepe, 4 stecchi lunghi per spiedini. Tempo: 30 minuti.

Elimina la crosta dal pane casereccio e ricava dalla mollica 12 cubetti. Frulla nel mixer (o trita finemente con il coltello) il pancarrè, l'aglio e un paio di cucchiai di prezzemolo. In una ciotolina mescola questo composto bricioloso con il pecorino, l'origano e una macinata di pepe. Batti un po' le fettine di carne e taglia ognuna di esse in 3 strisce. Spennella ogni striscia con un po' d'olio e suddividi il composto di pane e pecorino fra le fettine, distribuendolo su tutta la superficie. Arrotola a involtino e infila le "bracioline" sugli spiedini, alternandole con i dadi di pane (3 bracioline e 3 cubetti di pane per ogni spiedino). Spennella ancora gli spiedini con un po' d'olio e cuocili sulla griglia ben calda o, in alternativa, in forno preriscaldato a 200° per 15 minuti. Sala leggermente e servi. Una variante: copri la carne con una fettina sottile di pancetta prima di farcirla con il composto di pane e pecorino e arrotolarla.

Falafel all'italiana

Ingredienti per 4-6 persone: 250 g di ceci secchi, ½ cipolla bianca, 1 spicchio d'aglio, 12 rametti di prezzemolo, 2 cucchiaini di paprica dolce, 1 pizzico di cannella in polvere, ½ cucchiaino di pepe macinato, olio per friggere, sale. Tempo: 40 minuti + 12 ore di ammollo e 1 ora di riposo.

Metti in ammollo i ceci per 12 ore, sgocciolali bene e versali nel mixer insieme alla cipolla a pezzi, l'aglio, le foglie di prezzemolo, le spezie e circa mezzo cucchiaino di sale. Frulla tutto fino a ottenere un composto abbastanza liscio. Provane la consistenza compattandone un po' in una mano: se riesci a formare una polpettina è pronto, altrimenti frulla ancora un po', eventualmente aggiungendo 1-2 cucchiai d'acqua. Fai riposare per 1 ora al fresco. Versa abbondante olio in una padella, in modo che sia profondo almeno 3 cm, fallo scaldare e nel frattempo prepara con il composto delle palline grandi poco più di una noce, appiattiscile e immergile nell'olio bollente. Quando saranno color dorato scuro scolale su carta da cucina. Servi i falafel caldi, accompagnando con maionese e un'insalata di pomodori e cetrioli. I falafel sono buoni consumati appena fritti, ma puoi anche prepararli in anticipo; è consigliabile, comunque, friggerli al massimo 20-30 minuti prima di servirli, conservandoli in una teglia in forno caldo (80°).

Gazpacho con gamberi e mandorle tostate

Ingredienti per 4 persone: 1 fetta di pane casereccio, 3 pomodori maturi (perini o San Marzano), 1 cetriolo piccolo, 1 cipollotto, ½ spicchio d'aglio, 1 cucchiaio di aceto rosso, ½ peperone rosso, 200 ml di acqua fredda, 2 cucchiai di olio extravergine, sale, pepe. Per la guarnizione: 12 code di gambero, 24 mandorle tostate.
Tempo: 20 minuti + 1 ora di raffreddamento.
Elimina la crosta del pane e bagna la mollica con acqua; strizzala e mettila nel mixer (o nel frullatore). Sbuccia i pomodori con un coltellino ben affilato ed elimina i semi, quindi aggiungili nel mixer con tutti gli altri ingredienti, tranne l'acqua. Frulla abbastanza a lungo in modo da ottenere una crema, poi diluiscila con l'acqua, regolando la densità a tuo gusto (deve risultare comunque abbastanza fluida). Aggiusta di sale e pepe, quindi metti a raffreddare in frigorifero per almeno 1 ora. Poco prima di servire cuoci i gamberi (bolliti o in padella) per pochi minuti e sgusciali. Distribuisci il gazpacho ben freddo in 4 coppette e guarniscilo con i gamberi, le mandorle tritate grossolanamente e una macinata di pepe.

Crostini con bufala, verdure e sesamo

Ingredienti per 4 persone: 8 fette di pane tipo francese (baguette), 1 melanzana piccola, 1 zucchina, 200 g di mozzarella di bufala, 2 cucchiai di semi di sesamo tostati, olio extravergine, sale. Tempo: 30 minuti.

Taglia la melanzana a cubetti di circa 1 cm, la zucchina a rondelle e friggile in abbondante olio bollente (gettale nell'olio poche alla volta, in modo che la temperatura non si abbassi); quando saranno ben dorate scola l'unto in eccesso ponendole su carta assorbente da cucina. Strappa la mozzarella a pezzetti, con le mani, e distribuiscine un po' su ogni fetta di pane. Copri con le verdure fritte, un pizzico di sale, qualche altro pezzetto di mozzarella e infine spolvera con i semi di sesamo. Una volta pronti tutti i crostini passali in forno preriscaldato a 220° per circa 5 minuti e servi subito.

Frollini salati al parmigiano

Ingredienti per circa 20 frollini: 100 g di farina, 100 g di burro, 100 g di parmigiano grattugiato, 1 tuorlo, semi di cumino (o finocchio), sale, pepe. Tempo: 20 minuti + 1 ora di riposo.

Metti nel mixer la farina, il burro, il parmigiano, un

pizzico di sale e una macinata di pepe. Modella l'impasto a forma di salsicciotto, avvolgilo nella carta da forno e mettilo in frigorifero a rassodare per 1 ora. Taglia il salsicciotto a fettine spesse ½ cm e deponile su una placca rivestita con carta da forno. Spennella leggermente con il tuorlo e guarnisci con qualche seme di cumino. Cuoci in forno preriscaldato a 180° per 8-9 minuti controllando la cottura: non devono diventare scuri ma dorarsi appena. Lascia raffreddare i frollini prima di staccarli dalla placca.

Mix piccante di frutta secca

Ingredienti per 4 persone: 200 g di frutta secca mista già sgusciata (arachidi, mandorle, anacardi ecc.), 1 cucchiaino di curry, ½ cucchiaino di paprica piccante, 1 pizzico di peperoncino in polvere, 2 cucchiai di olio di arachide, sale, pepe. Tempo: 15 minuti.

Scalda in padella l'olio e unisci la frutta secca. Falla tostare a fuoco medio, muovendola continuamente per non farla bruciare. Quando inizierà a dorarsi unisci le spezie e una presa di sale e continua a mescolare ancora per qualche minuto, finché la frutta non sarà uniformemente rivestita di spezie (occorreranno circa 10 minuti). Togli dal fuoco, spolvera con una macinata di pepe, dai un'ultima mescolata e trasferisci in una coppa. Servi caldo.

Ricordate quant'era buona la sfogliata di taleggio e timo del primo libro? Qui ho scelto di usare la base per pizza già pronta e di aggiungerci i funghi... Voilà una ricetta nuova di zecca, perfetta per una cena improvvisata con gli amici!

NEW

Pizza con... taleggio, timo... e funghi!

Tempo di preparazione: 35 minuti Numero di persone: 6-8 Ingredienti e quantità: 1 rotolo di base pronta per pizza rettangolare, 300 g di taleggio, 100 g di funghi sott'olio a fettine, 50 g di parmigiano grattugiato, 1 rametto di timo, sale, pepe.
Realizzazione: Srotola la base per pizza e lasciala riposare per 10 minuti. Nel frattempo accendi il forno a 250°. Metti la base con la carta in cui è avvolta direttamente su una teglia da forno rettangolare. Taglia il taleggio a pezzetti e distribuiscilo sulla pasta insieme ai funghi ben sgocciolati. Spolvera con il parmigiano e profuma con una macinata di pepe e qualche fogliolina di timo. Metti per circa 15 minuti nel forno, finché il formaggio non si sarà completamente fuso. Se aggiungi qualche fettina di speck appena prima di sfornare, la pizza diventa più sostanziosa.

Insalata di pesce imperiale

Ingredienti per 4 persone: 2 uova, 120 g di gamberetti sgusciati, 120 g di salmone affumicato a fette, 1 cuore di sedano con le foglie, succo di ½ limone, 4 cucchiai di yogurt greco intero, erba cipollina, olio extravergine, sale, pepe. Tempo: 20 minuti.

Rassoda le uova (8 minuti dall'inizio del bollore) e sgusciale. Lessa i gamberetti per pochi minuti e mettili in una terrina insieme al salmone tagliato a striscioline. Taglia a rondelle molto sottili 2 piccole coste di sedano e aggiungile al resto degli ingredienti. Condisci il tutto con un filo d'olio, una spruzzata di limone, sale e pepe e mescola delicatamente. A parte amalgama 4 cucchiai d'olio con lo yogurt, 5-6 steli di erba cipollina tagliuzzata finemente, sale e pepe. Suddividi l'insalata in 4 coppette individuali e guarnisci ogni coppetta con una cucchiaiata di salsa, spicchi di uovo sodo e foglie di sedano. Servi l'insalata fresca. Puoi anche presentarla in un'unica coppa trasparente: rivestine le pareti con fettine di arancia o foglie di radicchio disposte armoniosamente e disponi nel mezzo l'insalata.

Pâté di fegato con mele e Vinsanto

Ingredienti per 4 persone: 300 g di fegato di vitello, ½ scalogno, 1 foglia di salvia, 1 bicchierino di Vinsanto secco (o Marsala secco), 1 spicchio di mela Golden, 1 cucchiaio di capperi sotto sale, 2 filetti di acciuga sott'olio, burro, 2 cucchiai di olio extravergine, sale, pepe. Tempo: 30 minuti.

Fai appassire lo scalogno tritato in padella con l'olio, a fuoco medio, poi unisci il fegato a pezzetti e la salvia. Cuoci per circa 10 minuti, finché la carne non sarà cotta, sfuma con il Vinsanto e aggiungi la mela, sbucciata e grattugiata con una grattugia a fori grandi, i capperi dissalati e le acciughe. Fai cuocere ancora per alcuni minuti, aggiungendo qualche cucchiaio d'acqua. Mescola bene, aggiusta di sale, spolvera con una macinata di pepe e frulla tutto nel mixer, sugo compreso, insieme a una noce di burro. Servi con crostini di pane.

Rotolini di piadina farciti

Ingredienti per 4 persone: 2 piadine (150 g di peso totale), 200 g di zucchine, ½ cipollotto, basilico, 100 g di Philadelphia, 150 g di prosciutto cotto, 2 cucchiai di olio extravergine, sale, pepe. Tempo: 20 minuti.

Taglia a rondelle le zucchine e cuocile per 6-7 minuti con l'olio, il cipollotto affettato e qualche foglia di basilico a pezzetti. Insaporisci di sale e pepe, poi fai intiepidire. Scalda leggermente le piadine per ammorbidirle, poggiale su carta da forno e spalmale con il formaggio, lasciando libero ½ cm lungo il bordo; distribuisci sopra le zucchine e copri con le fette di prosciutto. Arrotola le piadine aiutandoti con la carta e avvolgile nel foglio come un salamino. Chiudi le estremità "a caramella" e avvolgi di nuovo in un foglio di alluminio. Conserva in frigorifero. Estrai i rotolini dal frigo 10 minuti prima di servirli tagliati a trancetti.

Bruschette con salsiccia e taleggio

Ingredienti per 4 persone: 4 fette di pane casereccio a mollica compatta, 2 salsicce (circa 160 g in totale), 120 g di taleggio, pepe. Tempo: 15 minuti.

Spella le salsicce e amalgamale con il taleggio privato della crosta, mescolando con un cucchiaio: dovrai ottenere un composto omogeneo. Tosta leggermente le fette di pane sotto il grill del forno già caldo, estraile e spalmale con il composto di salsiccia. Rimetti sotto il grill per 5-6 minuti, finché la superficie non sarà dorata. Completa con una macinata di pepe e servi subito, caldissime.

Cara Anto, questa è una ricetta per i giorni "sbagliati", quando tutto sembra non andare per il verso giusto e 1+1 non fa più 2... gustala e troverai soluzioni inaspettate!

Simone e Mita

SPECIAL GUEST: SIMONE E MITA

Involtini di prugne e pancetta

Tempo di preparazione: 20 minuti + 15 minuti di ammollo
Numero di persone: 4-6 Ingredienti e quantità: 16 prugne secche snocciolate, 6-8 fette di pancetta, foglie di menta fresca.
Realizzazione: Metti a bagno in acqua le prugne per circa 15 minuti, poi asciugale bene.Taglia a striscioline la pancetta, dividendo ogni fetta in 2-3 parti di uguali dimensioni. Avvolgi ogni prugna nelle listarelle di pancetta e ferma gli involtini con uno stecchino. Fodera con un foglio di alluminio una teglia e disponi sopra gli involtini, quindi trasferisci in forno caldo a 180-200°. Fai cuocere per una decina di minuti, togli dal forno e servi immediatamente accompagnando ogni involtino con foglie di menta.

Fiori di zucca al prosciutto cotto

Ingredienti per 4 persone: 8 fiori di zucca, 80 g di prosciutto cotto, 100 g di mozzarella, farina, 1 bicchierino di vino bianco, 4 cucchiai di olio extravergine, sale. Tempo: 20 minuti.

Trita grossolanamente il prosciutto e la mozzarella e con questo composto forma 8 palline. Allarga delicatamente i fiori e stacca il pistillo centrale. Infila una pallina di ripieno in ogni fiore, facendo attenzione a non romperlo; una volta farciti tutti, passali nella farina e scrollane via l'eccesso. Metti i fiori in una padella con l'olio ben caldo; quando saranno coloriti aggiungi il vino e una presa di sale. Fai evaporare il liquido per qualche secondo, metti il coperchio e termina la cottura a fuoco basso per 6-7 minuti. Servili ben caldi.

Tarte Tatin salata alle alici

Ingredienti per 6 persone: 12 alici fresche (non troppo piccole) aperte a libro, 2 cucchiai di pinoli, 12 pomodori secchi sott'olio, 1 rotolo di pasta brisée fresca, origano secco, olio extravergine, sale, pepe. Tempo: 45 minuti.

Ungi con olio il fondo di una teglia a bordi bassi del diametro di 26 cm e sistemaci i filetti di alice ben asciugati, con la parte della pelle rivolta verso il basso. Spolvera con sale e pepe e distribuisci qua e là i pinoli; sgocciola molto bene i pomodori sott'olio e disponili fra le alici (il lato della buccia verso il basso). Srotola la pasta brisée e stendila sulla teglia, rincalzandola bene ai bordi. Cuoci in forno preriscaldato a 200° per 30 minuti; una volta cotta capovolgi la torta su una gratella e spolverala con un pizzico di origano secco. Servila tiepida.

Focaccetta gustosa

Ingredienti per 4 persone: 350 g di zucchine, 200 g di farina, 150 ml di latte, 150 ml di acqua, 3 cucchiai di parmigiano grattugiato, 1 cucchiaino e ½ di lievito istantaneo per torte salate, 2 cucchiaini di sale, olio extravergine, pepe. Tempo: 50 minuti.

Mescola in una terrina tutti gli ingredienti, tranne le zucchine, e 60 ml di olio. Devi ottenere una pastella semiliquida. Versala su una placca da forno di 30x40 cm e distribuisci sopra le zucchine tagliate a rondelle, sistemandole uniformemente. Condisci con sale, pepe e un giro d'olio. Cuoci in forno preriscaldato a 220° per 40 minuti, finché la focaccetta non risulterà ben dorata. Servila calda. Questa focaccetta è buona così, semplicemente con zucchine e parmigiano. Se vuoi renderla più saporita puoi aggiungere 6 pomodori secchi tritati e 4 filetti di acciuga sotto sale.

Friselle marinare

Ingredienti per 4 persone: 4 friselle, 150 g di cozze pulite, 150 g di vongole, 2 spicchi d'aglio, 50 ml di vino bianco, prezzemolo, 150 g di gamberetti sgusciati, 2 pomodori maturi (perini o San Marzano), olio extravergine, sale. Tempo: 30 minuti.

Fai aprire le cozze e le vongole in padella con un cucchiaio d'olio, uno spicchio d'aglio schiacciato, il vino e un po' di prezzemolo tritato. Tieni il fuoco medio-alto e il coperchio. Quando saranno aperte (scarta quelle rimaste chiuse) stacca i frutti dalle conchiglie e filtra il liquido in un colino. A parte salta per pochi minuti i gamberetti con 2 cucchiai d'olio, l'altro spicchio d'aglio e i pomodori a pezzetti, unendo pochissimo sale e qualche cucchiaio d'acqua per allungare il sughetto. Bagna le friselle in acqua fredda, passale nel liquido filtrato delle conchiglie e mettile nei piatti. Distribuisci sopra i gamberetti al pomodoro e i frutti di mare. Completa con un filo d'olio e prezzemolo tritato.

Friggitelli ripieni

Ingredienti per 4 persone: 12 peperoni friggitelli, 125 g di Philadelphia, 30 g di parmigiano grattugiato, 3 pomodori secchi sott'olio, aglio in polvere, prezzemolo, 50 g

di pangrattato, olio extravergine, sale. Tempo: 35 minuti.
Taglia a metà i peperoni, elimina semi e filamenti bianchi e sala la parte interna. Lavora in una terrina il Philadelphia, unisci il parmigiano, i pomodori secchi tritati, un pizzico d'aglio in polvere, un po' di prezzemolo tritato fine e un cucchiaio di pangrattato. Aggiusta di sale, farcisci con questo composto i mezzi peperoni e poggiali su una placca da forno. Spolverali con il pangrattato rimasto, irrora con un filo d'olio e cuoci in forno preriscaldato a 180° per 20 minuti.

Crocchette aromatiche di mollica e grana

Ingredienti per 4 persone: 1 cipollotto, 120 g di pancarrè, 120 g di grana grattugiato, basilico, 3 tuorli, olio extravergine, sale, pepe. Tempo: 25 minuti.
Trita il cipollotto e soffriggilo con un cucchiaio d'olio finché non sarà dorato. Frulla il pancarrè e amalgamalo con il grana (lasciandone da parte 2 cucchiai), qualche foglia di basilico spezzettato, i tuorli, il cipollotto soffritto, sale e abbondante pepe. Quando il composto risulterà omogeneo forma 16 polpettine e disponile in una pirofila rivestita con carta da forno, spolverale con il grana rimasto e cuocile a 200° per 10 minuti, finché non saranno dorate. Servile calde.

Quella che noi del Nord chiamiamo focaccia, a Roma è la pizza bianca e sia io che Maelle ne andiamo matte. Queste tigelle sono una versione veloce da fare in casa, e da farcire con ciò che si vuole. Io non amo molto lo yogurt da solo, ma in questa ricetta devo dire che non può mancare, perché rende le tigelle davvero soffici e fragranti.

RICETTA PER MAELLE

Tigelle allo yogurt in padella

Tempo di preparazione: 25 minuti **Numero di persone:** 4 (o 6 bimbi) **Ingredienti e quantità:** 430 g di farina, più un po' per stendere le tigelle, 1 bustina di lievito istantaneo per torte salate, 250 g di yogurt bianco intero, 40 ml circa di acqua, olio extravergine, sale.

Realizzazione: Setaccia la farina insieme al lievito e impastala con lo yogurt, l'acqua, 2 cucchiaini di sale e 2 di olio. Lavora poco l'impasto, solo finché non apparirà omogeneo, e lascialo riposare per 10 minuti coperto in modo che non si secchi. Scalda una padella e ungila leggermente con l'olio. Riprendi l'impasto e dividilo in 20 palline. Aiutandoti con un po' di farina spiana ogni pallina allo spessore di circa ½ cm e cuoci le focaccine nella padella ben calda 3 minuti per parte, a fuoco medio-basso, tenendo sempre il coperchio. Man mano che saranno pronte avvolgile in un panno e poggiale in un cestino. Farciscile ancora tiepide con prosciutto cotto, per i bambini, oppure con bresaola, olive nere e scaglie di grana per gli adulti.

Insalata di baccalà e arancia

Ingredienti per 4 persone: 300 g di filetto di baccalà già ammollato, 1 foglia di alloro, 1 costa di sedano, 1 arancia, 50 g di olive nere snocciolate, 1 cucchiaio di succo di limone, erba cipollina fresca, 1 piccolo cuore di lattuga, olio extravergine, sale, pepe. Tempo: 40 minuti.
Lessa il baccalà per circa 15 minuti in acqua non salata, con la foglia d'alloro e la costa di sedano. Pela l'arancia e separa gli spicchi usando un coltellino ben affilato: dovrai rimuovere sia la scorza che la pellicina bianca. Raccogli in una ciotolina il succo che fuoriuscirà e tienilo da parte. Riunisci in una terrina gli spicchi d'arancia tagliati in 2-3 pezzi, il baccalà spezzettato con le mani, le olive, il succo di limone, qualche stelo di erba cipollina tagliuzzata con le forbici e 2 cucchiai di olio. Mescola con delicatezza e fai riposare al fresco per 10 minuti. Nel frattempo taglia la lattuga a striscioline e condiscila con una salsina ottenuta emulsionando con la forchetta 2 cucchiai di olio, il succo recuperato dalle arance, una presa di sale e una macinata di pepe. Adagia la lattuga sul piatto di portata e disponi sopra l'insalata di baccalà.

Frittelline alle erbe con gorgonzola e pesche

Ingredienti per 16 frittelline: 70 g di farina autolievitante, 1 uovo, 60 ml di latte, 1 rametto di rosmarino, 2 rametti di timo, 50 g di gorgonzola dolce cremoso, 40 g di mascarpone, ½ cucchiaio di grappa, ½ pesca noce matura ma soda, olio extravergine, sale, pepe. Tempo: 30 minuti.
Versa la farina in una terrina, unisci l'uovo sbattuto con il latte e mescola finché il composto non sarà omogeneo. Aggiungi gli aghi di rosmarino tritati e le fogliоline di timo (un cucchiaio in totale), una presa di sale e amalgama bene. Scalda una padella, ungila con un po' d'olio e versaci il composto a cucchiaiate, formando delle piccole frittelle di circa 5 cm di diametro. Quando vedrai apparire delle bollicine sulla superficie voltale aiutandoti con due forchette e cuocile anche dall'altro lato. Falle raffreddare su una gratella. Prepara la guarnizione lavorando in una ciotola i formaggi con la grappa, un pizzico di sale e una macinata di pepe; distribuisci un ciuffetto di formaggio su ogni frittella, poggiaci sopra qualche fettina sottile di pesca (non sbucciata) e servi.

1°

È una di quelle ricette da "ultimo momento". Quando torno a casa, apro il frigorifero e trovo giusti giusti gli ingredienti necessari alla preparazione di questo piatto, anche una donna super impegnata come me può trasformarsi in pochi minuti in una cuoca creativa!

LE TOP DI CASA CLERICI

NEW

Involtini di belga gratinati... con lo speck!

Tempo di preparazione: 20 minuti Numero di persone: 4 Ingredienti e quantità: 2 cespi di insalata belga, 4 fette di speck, 4 fette di fontina, 4 cucchiai di besciamella già pronta, grana grattugiato.

Realizzazione: Taglia in 2 ogni cespo nel senso della lunghezza e cuoci l'insalata belga a vapore per 5 minuti. Disponi su ciascuna delle 4 parti una fetta di fontina e arrotolaci intorno una fetta di speck. Disponi gli involtini in una pirofila, versa su ciascuno un cucchiaio di besciamella e cospargi di grana. Fai gratinare in forno a 240° per 10 minuti e servi.

"Pani e alivi cunzati" (Pane e olive condite)

Ingredienti per 4 persone: 200 g di pane raffermo, 1 cucchiaio di capperi sotto sale, 6 filetti di acciuga sotto sale, 2 spicchi d'aglio, 1 cucchiaino di origano secco, 1 pizzico di peperoncino secco, 150 g di olive verdi snocciolate, 2 cucchiai di aceto di vino bianco, olio extravergine, sale, pepe. Tempo: 30 minuti + il riposo.

Strappa il pane a pezzetti irregolari di circa 2 cm e mettilo in una teglia rivestita di carta da forno. Prepara il condimento: sciacqua i capperi, asciugali e tritali grossolanamente insieme alle acciughe dissalate, unisci gli spicchi d'aglio tagliati a metà, l'origano e il peperoncino. Mescola bene e condisci il pane con la metà di questo composto, sale, pepe e abbondante olio. Passalo in forno preriscaldato a 230° per 10 minuti, rimescola un po' i pezzetti con una paletta e continua a cuocere finché non saranno ben dorati. Con l'altra metà del composto preparato, l'aceto e un filo d'olio condisci le olive che avrai schiacciato leggermente con un batticarne (o con il fondo di un bicchiere) per spaccarne la polpa. Lasciale insaporire per almeno 1 ora e servile insieme con il pane condito, caldo o freddo. Consiglio: se ti piace, puoi aggiungere alle olive delle foglioline di menta fresca.

Strudel salato con caciotta e verdura

Ingredienti per 6 persone: 1 rotolo di pasta sfoglia fresca rettangolare, 600 g di bieta da foglia (erbette) già pulita, 1 scalogno, 1 salsiccia, 4 cucchiai di pangrattato, 200 g di caciotta, 4 cucchiai di olio extravergine, sale, pepe.

Tempo: 60 minuti + il tempo di raffreddamento.

Lessa la verdura in poca acqua salata, scolala e strizzala bene. Soffriggi in padella con l'olio lo scalogno tritato e la salsiccia spellata e sbriciolata; quando la salsiccia è cotta (ci vorranno 5 minuti circa) unisci la verdura e falla insaporire per 5 minuti, districandola ripetutamente con un forchettone di legno per far asciugare il liquido. Aggiusta di sale e pepe e lascia raffreddare (se vuoi accelerare i tempi allargala su un grande piatto). Stendi il rotolo di pasta sfoglia su un foglio di carta da forno, cospargilo con il pangrattato e distribuisci sopra la verdura e la caciotta a dadini, lasciando liberi i bordi. Arrotola lo strudel aiutandoti con la carta, sigilla i bordi con i rebbi di una forchetta e trasferiscilo sulla placca del forno lasciandolo sulla sua carta. Cuoci in forno preriscaldato a 200° per 30 minuti o fino a quando la superficie risulterà dorata, e servi lo strudel un po' intiepidito tagliando a fette.

Salsa tapenade con pinzimonio di verdure

Ingredienti per 4 persone: Per la salsa: 2 cucchiai di capperi sotto sale, 4 filetti di acciuga sotto sale, 250 g di olive taggiasche snocciolate, 1 spicchio d'aglio, 1 cucchiaio di succo di limone, 2 rametti di timo, olio extravergine, pepe. Per il pinzimonio: 2 coste di sedano, 1 finocchio, 1 cetriolo, ½ peperone rosso, 1 piccolo cuore di lattuga, 2 carote. Tempo: 20 minuti.

Per la salsa: sciacqua i capperi e le acciughe e mettili nel frullatore insieme a tutti gli altri ingredienti (tranne l'olio) e le foglioline di timo sfogliate. Comincia a frullare e poi aggiungi l'olio, quanto basta per formare una crema densa (circa mezzo bicchiere). Frulla ancora, ma non troppo: la salsa deve restare leggermente granulosa. Per il pinzimonio: taglia tutte le verdure tranne la lattuga per il lungo, ottenendo dei bastoncini che disporrai armoniosamente in una coppa; taglia in 4 spicchi la lattuga e aggiungi anch'essa al pinzimonio. Servi insieme alla salsa. Puoi utilizzare questa salsa anche in altri modi: per condire un piatto di pasta, spalmata su crostini di pane o per insaporire del pesce bianco alla griglia o al vapore. Si conserva qualche giorno in frigorifero, ben chiusa e coperta con un velo d'olio.

Pompelmi rosa con insalata di gamberetti

Ingredienti per 4 persone: 2 pompelmi rosa, 150 g di fagiolini puliti, 100 g di gamberetti sgusciati, 2 foglie di lattuga, 1 carota, 1 cucchiaio di maionese, 4 cucchiai di olio extravergine, sale e pepe. Tempo: 25 minuti.

Lessa separatamente i fagiolini e i gamberetti (2-3 minuti); taglia i fagiolini in 2-3 pezzi e riunisci tutto in una terrina. Aggiungi la lattuga ridotta a striscioline sottili e la carota grattugiata. Taglia a metà i pompelmi ed estrai la polpa facendo attenzione a non rompere la buccia, che servirà come coppetta per l'insalata. Ripulisci la metà della polpa che hai estratto dalle pellicine bianche, tagliala a dadi e mettila nella terrina con il resto degli ingredienti. Spremi il succo dalla polpa rimasta e sbattilo, in una ciotolina, con l'olio, la maionese, sale e pepe. Condisci l'insalata con questa salsina e suddividila all'interno delle coppette di pompelmo. Servile poggiate in coppette di vetro oppure su un piattino, sostenute da qualche foglia di insalata. Puoi utilizzare radicchio di Treviso al posto della lattuga, o un misto dei due. Per una presentazione raffinata disponi del ghiaccio tritato nelle coppette, sotto il pompelmo, e guarnisci l'insalata con code di gambero non sgusciate, bollite.

Saltimbocca di fichi al Porto

Ingredienti per 4 persone: 6 fichi neri, 6 fettine di prosciutto crudo dolce, 24 foglioline di salvia fresca, 4 cucchiai di Porto, burro, pepe. Tempo: 20 minuti.
Dividi ogni fetta di prosciutto in 4 striscioline. Taglia ogni fico in 4 spicchi, senza sbucciarli, poni su ogni spicchio una fogliolina di salvia e avvolgi nel prosciutto fermando con uno stecchino. Scalda una noce di burro e fai rosolare a fuoco medio, per pochi minuti. Quando la parte inferiore è colorita metti i fichi su un piatto di portata riscaldato. Riporta la padella su fuoco basso, versa il Porto e fai evaporare l'alcol. Versa questa salsina sui saltimbocca e servi subito con una macinata di pepe. Se non hai il Porto puoi utilizzare qualsiasi altro vino liquoroso.

Scamorza marinata con contorno alla griglia

Ingredienti per 4 persone: 250 g di scamorza, 2 cucchiai di succo di limone, prezzemolo, ½ cucchiaino di origano secco, 1 spicchio d'aglio, 2 pomodori da insalata grandi e sodi (non troppo maturi), 8 funghi champignon, olio extravergine, sale, pepe. Tempo: 25 minuti + 1 ora di riposo.
Sbatti il succo di limone con 8 cucchiai d'olio, aggiungi

un po' di prezzemolo tritato, l'origano, l'aglio a fettine, una presa di sale e abbondante pepe macinato. Mescola. Taglia la scamorza a fette sottili e disponile in un contenitore di vetro, a strati, alternandole con la marinata. Copri con pellicola per alimenti e fai riposare in frigorifero per 1 ora. Spennella con olio i pomodori, tagliati a fette spesse, e le cappelle dei funghi. Passa le verdure sulla griglia caldissima (3-4 minuti). Insaporisci con un pizzico di sale e pepe, un filo d'olio e servile appena pronte, insieme alla scamorza marinata.

Triangolini di sfoglia agli spinaci

Ingredienti per 4 persone: 150 g di spinaci novelli puliti, 20 g di parmigiano grattugiato, 1 rotolo di pasta sfoglia fresca rettangolare, 60 g di mortadella, olio extravergine, sale, pepe. Tempo: 25 minuti.

Salta velocemente in padella gli spinaci con un filo d'olio. Appena diventano morbidi toglili dal fuoco e condisci con sale, pepe e parmigiano. Stendi il rotolo di pasta e ritaglia 20 quadratini; disponi su ognuno di essi una parte di spinaci e un pezzetto di mortadella. Chiudi i fagottini a triangolo, sigilla i bordi con una forchetta e ponili su una placca rivestita con carta da forno. Cuoci in forno preriscaldato a 200° per 15 minuti.

Questa mousse è una vera delicatezza, morbida, cremosa e irresistibile... proprio come la nostra cara Antonella!

Giulio e Maria

SPECIAL GUEST:
GIULIO E MARIA

Mousse di tonno e capperi

Tempo di preparazione: 20 minuti + 6-7 ore di raffreddamento
Numero di persone: 4 Ingredienti e quantità: 200 g di tonno sott'olio, 30 g di capperi, 1 dado di gelatina, 500 ml d'acqua, 1 bicchiere di maionese, 150 g di pomodorini, 2 foglie di basilico.

Realizzazione: Sciogli il dado di gelatina in un pentolino con 250 ml di acqua portata a bollore e leva dal fuoco. Aggiungi altri 250 ml di acqua fredda, fai raffreddare e poi unisci il tonno sgocciolato, i capperi e la maionese. Frulla il preparato con un mixer a immersione fino a ottenere una crema omogenea e liscia, versa in un contenitore di vetro e metti a raffreddare in frigo per 6-7 ore. Una volta che la mousse si è rassodata, guarnisci con una foglia di basilico e pomodorini ciliegia.

Spiedini di polpettine di gamberetti

Ingredienti per 4 persone: 300 g di gamberetti sgusciati, 70 g di pancarrè, prezzemolo, 1 limone non trattato, farina, 12 rametti di rosmarino, olio extravergine, sale, pepe. Tempo: 20 minuti.

Frulla i gamberetti con il pancarrè, un po' di prezzemolo tritato, la scorza grattugiata di mezzo limone, sale e pepe. Amalgama il composto, forma 12 polpettine della dimensione di una noce e infarinale. Scalda in padella un velo d'olio e cuoci le polpettine, coperte, per circa 8 minuti, con un mestolino d'acqua, 3 cucchiai di succo di limone, un pizzico di sale e pepe. Prepara i rametti di rosmarino in questo modo: stacca gli aghi lasciandone solo un ciuffetto in punta, quindi taglia i rametti a lunghezza giusta e infilzane uno su ogni polpettina, formando dei mini spiedini. Servili caldi.

Spuma di trota

Ingredienti per 4 persone: 250 g di filetti di trota senza pelle, 1 cipollotto, 3 cucchiai di vino bianco secco, 80 g di Philadelphia, 8 fette di pancarrè, latte, 3 cucchiai di olio extravergine, sale, pepe. Tempo: 25 minuti.

Affetta il cipollotto e soffriggilo in padella con l'olio. Appena inizia a dorarsi unisci i filetti di trota e salali.

Fai cuocere a fuoco medio per 5 minuti, poi gira i filetti e prosegui la cottura per altri 5 minuti. Sfuma con il vino e, quando sarà evaporato, togli dal fuoco e fai intiepidire. Metti nel mixer il Philadelphia, il pesce con il suo sughetto e frulla finché non avrai ottenuto una crema morbida (se necessario aggiungi qualche cucchiaio di latte). Distribuisci il composto in 4 ciotoline individuali o una unica per tutti, cospargi con una macinata di pepe e servi con le fette di pancarrè tagliate a triangolini e tostate sotto il grill del forno, ben caldo.

Quiche di salame e ricotta

Ingredienti per 6-8 persone: 1 rotolo di pasta brisée fresca, 2 uova, 250 g di ricotta, 100 ml di latte, 3 cucchiai di parmigiano grattugiato, 80 g di scamorza affumicata, 80 g di salame affettato spesso, sale, pepe. Tempo: 45 minuti.

Rassoda un uovo (parti da acqua fredda e calcola 8 minuti dal bollore) e sguscialo. Frulla la ricotta con il latte, il parmigiano, l'uovo rimasto, sale e pepe; aggiungi la scamorza e il salame a dadini e mescola con una spatola per amalgamarli. In una teglia di 26 cm di diametro stendi la pasta brisée, versaci il composto di ricotta e guarnisci la superficie con l'uovo sodo a spicchietti. Cuoci in forno preriscaldato a 180° per 30 minuti.

Tartine di pane nero con insalata di pollo

Ingredienti per 4 persone: 4 fette di pane nero di segale, 250 g di petto di pollo a fettine, 1 costa di sedano, gherigli di noce, succo di limone, 125 g di yogurt greco intero, 1 cucchiaio di maionese, sale, pepe. Tempo: 25 minuti.

Lessa il pollo in acqua leggermente salata, poi scolalo e taglialo a dadini piccoli. Trita grossolanamente il sedano e 6 gherigli di noce, quindi riuniscili in una terrina con il pollo. Condisci con sale, pepe, qualche goccia di succo di limone e lo yogurt mescolato alla maionese. Amalgama bene. Taglia ogni fetta di pane in 4 parti e distribuisci sopra il composto preparato. Decora ogni tartina con un gheriglio di noce e servile fresche.

Torta salata con mele e cipolle al curry

Ingredienti per 6-8 persone: 1 rotolo di pasta sfoglia fresca rotondo, 1 cipolla bianca, 1 cucchiaino di curry, 1 mela rossa, 2 patate lesse, 2 uova, 180 ml di panna fresca, 80 g di formaggio Montasio, 3 cucchiai di olio extravergine, sale, pepe. Tempo: 50 minuti.

Soffriggi con l'olio la cipolla affettata sottilmente;

quando sarà ben appassita spolvera con il curry, aggiungi la mela (non sbucciata) a fettine sottili e le patate a dadini. Mescola, togli dal fuoco e fai raffreddare. In una ciotola sbatti le uova con la panna, sale e pepe. Stendi la pasta sfoglia in una tortiera di 26 cm di diametro, versaci il composto al curry distribuendolo uniformemente, il Montasio grattugiato con una grattugia a fori grandi e infine il composto di uova, facendolo penetrare bene in tutti i punti. Cuoci in forno preriscaldato a 200° per 30 minuti. Servi la torta tiepida.

Stuzzichini di pollo

Ingredienti per 4 persone: 1 fettina di petto di pollo da 80 g, 1 cucchiaino di senape, 12 fettine sottili di pancetta affumicata, 1 rotolo di pasta sfoglia fresca rettangolare, olio extravergine, sale, pepe. Tempo: 25 minuti.
Taglia il petto di pollo in striscioline sottili: dovrai ottenerne 12. Spennellale con una punta di senape, condiscile con un pizzico di sale e una macinata di pepe e avvolgi ogni striscioline con una fettina di pancetta. Srotola la pasta sfoglia e ritaglia 12 rettangoli. Sistema i pacchettini di pollo sui rettangoli, ripiega la pasta a metà e sigilla i bordi premendoli con i rebbi di una forchetta. Spennella con poco olio e inforna a 200° per circa 15 minuti. Servili caldi ma non bollenti.

Primi

Gnocchi di castagne con funghi e gamberi

Ingredienti per 4 persone: 1 kg di patate farinose, 1 spicchio d'aglio, 500 g di funghi misti surgelati, 300 g di code di gambero, 150 g di farina 00 più un po' per infarinare, 150 g di farina di castagne, 1 uovo, prezzemolo, olio extravergine, sale. Tempo: 75 minuti.

Lessa le patate intere con la buccia, partendo da acqua fredda salata (calcola 40 minuti circa). Nel frattempo scalda 4 cucchiai d'olio con lo spicchio d'aglio, aggiungi i funghi affettati e cuocili a fuoco vivace per 5-10 minuti. Sguscia i gamberi, uniscili ai funghi e cuoci per un paio di minuti. Una volta che le patate saranno cotte, pelale e schiacciale ancora calde, poi lasciale raffreddare allargandole sulla spianatoia (ogni tanto riuniscile e riallargale, in modo che non si secchino). Quando saranno fredde impastale con le farine setacciate, l'uovo e una presa di sale, formando un impasto morbido che non andrà lavorato troppo a lungo. Infarina leggermente il tavolo di lavoro e con il palmo delle mani forma dei rotolini del diametro di un dito che taglierai a pezzi di 1,5 cm. Passa gli gnocchetti così ottenuti sui rebbi di una forchetta o sull'apposito rigagnocchi. Lessa gli gnocchi in acqua salata, scolali man mano che vengono a galla e passali nella padella con il condimento di funghi e gamberi. Spolvera con prezzemolo tritato e servi.

Cannelloni di pane carasau

Ingredienti per 4 persone: 3 dischi di pane carasau, 700 g di ricotta, 1 uovo piccolo, 50 g di parmigiano grattugiato (più un po' per spolverare), prezzemolo, noce moscata, 250 g di sugo di pomodoro pronto, 200 ml di besciamella già pronta, olio extravergine, sale, pepe.
Tempo: 40 minuti.
Lavora la ricotta fino a ottenere un composto abbastanza liscio. Incorpora l'uovo, il parmigiano, abbondante prezzemolo tritato, una grattugiata di noce moscata, sale e pepe. Amalgama tutto e tieni in frigorifero fino al momento di utilizzare. Prepara i cannelloni: bagna uno alla volta i fogli di pane carasau in acqua bollente, tenendoli immersi per 5-6 secondi, stendili sul piano di lavoro e lasciali ammorbidire 2 minuti. Tagliali in 4 e farciscili con il ripieno di ricotta; arrotolali a cannellone e disponili in una pirofila in cui avrai già messo qualche cucchiaio di sugo e di besciamella. Una volta allineati tutti i cannelloni coprili con il resto del sugo e della besciamella. Spolvera con il parmigiano e passa in forno preriscaldato a 200° per 20 minuti.

Ecco un primo piatto d'indubbio fascino ma di facile realizzazione: l'abbinamento pesce-agrumi è infatti molto accattivante e il salmone è un pesce "facile" da utilizzare in cucina, specie se affumicato. Qui, al posto dell'erba cipollina, ho voluto provare le barbine di finocchio.

1° LE TOP DI CASA CLERICI

NEW

Tagliolini al salmone affumicato con profumo d'arancia e... barbine di finocchio!

Tempo di preparazione: 20 minuti **Numero di persone:** 4 **Ingredienti e quantità:** 250 g di tagliolini all'uovo secchi, 100 g di salmone affumicato, 200 ml di panna fresca, 20 g di barbine di finocchio, 1 arancia non trattata, 20 g di burro, pepe, sale.

Realizzazione: Lava l'arancia, asporta metà della scorza con un pelapatate e riducila a striscioline sottili. Scotta le scorzette per pochi secondi in acqua in ebollizione, scolale, ripeti il passaggio, scolale di nuovo e tritale grossolanamente. Sciogli il burro in una padella, unisci il salmone tagliato a striscioline e il succo dell'arancia e lascialo ridurre della metà. Scola il salmone e tienilo da parte. Versa la panna nel fondo di cottura, regola di sale e continua a cuocere a fiamma vivace per 2-3 minuti, fino a che la panna non si addensa leggermente. Cuoci i tagliolini in abbondante acqua salata, scolali al dente e versali nella padella con la salsa. Unisci il salmone, le barbine di finocchio tagliuzzate e le scorzette di arancia, amalgama e servi, se piace, con una macinata di pepe nero.

Crespelle con mozzarella e acciughe

Ingredienti per 4 persone: Per le crespelle: 135 g di farina, 2 uova grandi, burro, 350 ml di latte, noce moscata, sale. Per la farcitura: 450 g di mozzarella, 12 filetti di acciuga sott'olio, 350 g di passata di pomodoro, 40 g di parmigiano grattugiato, 1 ciuffetto di basilico, burro, olio extravergine. Tempo: 50 minuti.

In una terrina amalgama la farina e le uova, un pizzico di sale e una grattugiata di noce moscata, unisci 30 g di burro fuso, mescola e diluisci con il latte (poco alla volta). Scalda una padella antiaderente per crêpes, infilza un pezzetto di burro su una forchetta e passalo velocemente nella padella. Quando la padella è ben calda allontanala dal fuoco, versaci un mestolino di pastella e ruotala per distribuirla uniformemente: dovrai ottenere una frittatina sottile. Rimetti sul fuoco e cuoci finché non vedrai che i bordi si arricciano e iniziano a sollevarsi. Gira la crespella con una paletta piatta e cuocila per pochi secondi anche dall'altro lato. Falla scivolare su un piatto e prosegui allo stesso modo con le altre, ungendo ogni volta la padella. Dovrai ottenere 12 crespelle. Farcisci ogni crespella con striscioline di mozzarella e pezzetti di acciuga, arrotolale e disponile in una pirofila in cui avrai versato un filo d'olio e la metà della passata di pomodoro. Copri le crespelle con il resto della passata, parmigiano grattugiato, basilico spezzettato e fiocchetti di burro. Passa in forno preriscaldato a 220° per 15 minuti e servi calde.

Orecchiette con catalogna, patate e pecorino

Ingredienti per 4 persone: 320 g di orecchiette secche, 500 g di catalogna pulita, 2 patate, 1 spicchio d'aglio, peperoncino piccante (facoltativo), 4 cucchiai di pangrattato, 6 cucchiai di pecorino grattugiato, 6 cucchiai di olio extravergine, sale. Tempo: 30 minuti.

Lessa separatamente in acqua salata la catalogna e le patate sbucciate e ridotte a tocchetti di 1,5 cm, poi taglia la catalogna a pezzi di circa 3 cm e ripassala in padella insieme alle patate, l'olio, lo spicchio d'aglio tagliato a metà e il peperoncino per farle insaporire. Lessa la pasta e, nel frattempo, tosta il pangrattato in un padellino senza aggiunta di condimento: basta tenerlo su fuoco medio mescolandolo spesso, finché non diventerà di colore dorato scuro. Ripassa la pasta nel condimento di patate e catalogna, unendo poca acqua di cottura, quindi servila nei piatti spolverando con pecorino e pangrattato tostato.

Questo è un primo piatto sostanzioso, da "regalarvi" nella stagione fredda, quando arrivate a casa con un certo appetito. Non una ricetta da tutti i giorni, ma un primo da preparare quando avete voglia di premiarvi. Con un "consiglio dietetco": finito di gustarlo, fate una passeggiatina di 5 minuti!

1°

Orecchiette del re ... con broccoletti! NEW

Tempo di preparazione: 40 minuti Numero di persone: 4 Ingredienti e quantità: 500 g di orecchiette fresche, 3 salsicce, 350 g di cime di broccoletti, 150 ml di panna fresca, parmigiano grattugiato, 3 cucchiai di olio extravergine, sale, pepe. Realizzazione: Lessa i broccoletti in acqua salata (10-12 minuti), nella pentola in cui cuocerai la pasta, e conserva l'acqua di cottura. Scalda l'olio in una larga padella e rosola le salsicce sbriciolate. Quando saranno cotte unisci i broccoletti, fai insaporire per 2-3 minuti, mescolando, aggiungi la panna e fai addensare per qualche minuto. Aggiusta di sale e pepe. Lessa intanto le orecchiette nella stessa acqua di cottura dei broccoletti, scolale e ripassale nella padella con il condimento. Servi spolverando con parmigiano grattugiato.

Insalata di riso con verdure e pesto al limone

Ingredienti per 4 persone: 380 g di riso parboiled per insalate, 80 g di pisellini fini surgelati, 80 g di carote, 80 g di fagiolini, 100 g di cuori di carciofo surgelati, 80 g di peperone rosso, 200 g di tonno sott'olio già sgocciolato, 10 foglie di basilico, 3 rametti di prezzemolo, 1 cucchiaio di pinoli, 1 limone non trattato, olio extravergine, sale, pepe. Tempo: 45 minuti + il tempo di raffreddamento.

Lessa in acqua salata il riso insieme ai piselli e le carote ridotte a dadini, scolalo al dente e lascialo raffreddare allargandolo in un grande vassoio. Per evitare che il riso si incolli, irroralo con un giro d'olio e aggiungi una macinata di pepe. A parte lessa i fagiolini e i cuori di carciofo, lasciandoli abbastanza sodi. Taglia il peperone a dadini piccoli e mettili in una terrina; aggiungi i fagiolini a tocchetti, i carciofi a spicchietti e il tonno. Mescola tutto con il riso ormai raffreddato, profumando con una grattugiata di scorza di limone. Frulla il basilico e il prezzemolo con i pinoli, 5 cucchiai di succo di limone e 6 cucchiai d'olio e condisci l'insalata di riso con questa salsina, mescolando delicatamente. Servi l'insalata fresca.

Lasagne con ragù di salsiccia e carote

Ingredienti per 8 persone: 500 g di pasta fresca per lasagne, 1 cipolla bianca, 1 costa di sedano, 400 g di salsiccia, ½ bicchiere di vino bianco, 700 g di carote, 600 g di passata di pomodoro, 800 ml di besciamella già pronta, 150 g di parmigiano grattugiato, olio extravergine, sale, pepe. Tempo: 1 ora.

Soffriggi in 2 cucchiai d'olio la cipolla e il sedano tritati. Quando saranno appassiti aggiungi la salsiccia sbriciolata. Fai rosolare qualche minuto a fuoco vivace, sgranando la salsiccia, bagna con il vino e fai evaporare. Aggiungi le carote tritate, la passata di pomodoro e 3 mestoli d'acqua; metti il coperchio e prosegui la cottura a fuoco medio per 15 minuti, aggiungendo altra acqua se il pomodoro si asciuga (non dovrà essere troppo ristretto). A fine cottura aggiusta di sale e pepe. Componi gli strati in una pirofila di circa 22x32 cm: metti sul fondo un filo d'olio e un velo di ragù, poi inizia con uno strato di pasta, ragù, besciamella e parmigiano. Ancora uno strato di pasta e prosegui allo stesso modo finché non avrai esaurito tutti gli ingredienti. Cuoci le lasagne in forno preriscaldato a 200° per 20 minuti e lascia riposare 10 minuti prima di servire.

Passato di ceci con porri e paprica

Ingredienti per 4 persone: 500 g di ceci già lessati, 1 porro, 2 cucchiaini di paprica dolce, 1 l di brodo vegetale, 1 cucchiaino di concentrato di pomodoro, 2 cucchiai di farina, olio di arachide, crostini di pane, olio extravergine, sale. Tempo: 30 minuti.

Affetta la metà del porro a rondelle e fallo soffriggere con 4 cucchiai d'olio extravergine: appena inizia a colorirsi aggiungi i ceci, ben sgocciolati, e un cucchiaino e mezzo di paprica. Lascia insaporire per 1 minuto, mescolando, poi copri con il brodo aggiungendo anche il concentrato di pomodoro. Porta a bollore e cuoci per 15 minuti. Nel frattempo taglia il resto del porro a striscioline, affettandolo nel senso della lunghezza, e passale nella farina. Scalda l'olio di arachide in un pentolino alto e stretto, in modo che sia abbastanza profondo, e friggi la "paglia" di porri prendendone una manciata alla volta (basteranno pochi secondi perché diventi dorata). Scola i porri con un mestolo forato e falli sgocciolare su carta assorbente da cucina. Frulla i ceci riducendoli in crema, aggiusta di sale e suddividi nei piatti; completa con i crostini, un filo d'olio, i ciuffetti di porro fritto e un pizzico di paprica. Servi subito.

Crema di fave con pomodori secchi e crostini

Ingredienti per 4 persone: 300 g di fave secche decorticate, 1 cipolla rossa di Tropea, ½ spicchio d'aglio, 1 grosso ciuffo di finocchietto selvatico (o barbine di finocchio), 1 cucchiaino di concentrato di pomodoro, 6 pomodori secchi sott'olio, crostini di pane già pronti o dadini di pane tostato, olio extravergine, sale, pepe. Tempo: 60 minuti + 8-10 ore di ammollo.

Metti le fave a bagno in acqua per 8-10 ore. Trita la cipolla e soffriggila con l'aglio e 4 cucchiai d'olio finché non sarà appassita, aggiungi il finocchietto tritato e dopo qualche secondo le fave ammollate e sgocciolate. Falle insaporire per 5 minuti, mescolando spesso, poi unisci il concentrato di pomodoro e copri con abbondante acqua fino a superare le fave di 2 cm. Fai bollire per circa 40 minuti, finché le fave non inizieranno a disfarsi (se occorre aggiungi altra acqua bollente durante la cottura) e a fine cottura insaporisci di sale. Frulla le fave riducendole in crema, versa nei piatti e completa con un filo d'olio, i pomodori secchi tritati a parte con il coltello, i crostini e una macinata di pepe. Servi la crema ben calda.

Onestamente non credo conosciate una persona che ne sappia così poco di cucina quanto me: scongelo le bistecche con il phon e riesco a bruciare il brodo!! Tuttavia la mia pasta al burro non ha rivali. Ahimè, ho un problema anche qui: non posso dare la ricetta per più di 2 persone! Già con 3 commensali vado latteralmente nel panico, non fatemi fare questo sforzo: se volete prepararla per 4 organizzatevi per raddoppiare gli ingredienti. Grazie per la comprensione!

Paola

SPECIAL GUEST: PAOLA PEREGO

La mia pasta al burro

Tempo di preparazione: 10 minuti Numero di persone: 2

Ingredienti e quantità: 2 porzioni della tua pasta preferita (io mi regolo mettendo la pasta cruda in un piatto fondo e lo riempio due volte), 1 pezzo di burro largo più o meno tre dita, ½ dado da brodo, 1 tazza da tè piena di parmigiano, 1 tazzina da caffè piena di acqua di cottura per mantecare.

Realizzazione: Fai sciogliere il burro in un tegamino e sbriciola il mezzo dado nel burro ormai fuso. Scola la pasta e versa subito il prezioso condimento sulla pasta fumante, mescola velocemente con il parmigiano e un po' d'acqua di cottura. Io di solito a questo punto sono in un bagno di sudore per lo sforzo sovrumano!!! Ma tu sicuramente sarai più bravo di me... Buon appetito!

Zuppa di lenticchie e noci

Ingredienti per 4 persone: 500 g di lenticchie già lessate, 1 costa di sedano, 1 carota, 1 cipolla, 1 foglia di alloro, 1 l di brodo vegetale, 80 g di gherigli di noce, dadini di pane integrale tostati, prezzemolo, olio extravergine, sale. Tempo: 40 minuti.

Trita sedano, carota e cipolla e soffriggili con 4 cucchiai d'olio finché non saranno appassiti; unisci le lenticchie sgocciolate e l'alloro e fai insaporire 1 minuto, mescolando. Copri con il brodo e fai bollire per 30 minuti. Elimina l'alloro, frulla un mestolo di zuppa e rimettilo in pentola; aggiusta di sale, unisci un po' di prezzemolo tritato e le noci spezzettate con le mani. Servi con un filo d'olio e i crostini di pane.

Zuppa d'orzo con radicchio e speck

Ingredienti per 4 persone: 180 g di orzo perlato, 30 g di lardo alle erbe o grasso di prosciutto, 1 spicchio d'aglio, 70 g di speck affettato spesso, 300 g di radicchio rosso tondo di Chioggia, ½ bicchiere di vino rosso, 1 l di brodo di carne, 1 patata, olio extravergine, sale, pepe. Tempo: 45 minuti.

Trita il lardo e scioglilo a fuoco basso insieme a 2 cucchiai d'olio; unisci l'aglio tagliato a metà e lo speck a dadini, fai soffriggere e dopo 2 minuti aggiungi il radicchio tagliato a striscioline. Alza un po' la fiamma, metti il coperchio e fai stufare il radicchio, finché non inizia ad appassire. Bagna con il vino, fai evaporare, aggiungi il brodo e la patata grattugiata con una grattugia a fori grandi. Al bollore elimina l'aglio, unisci l'orzo e prosegui la cottura per 30 minuti. Aggiusta di sale (attenzione perché lardo e speck sono già saporiti) e pepe e servi bollente.

Linguine al sugo di triglie

Ingredienti per 4 persone: 320 g di linguine, ½ costa di sedano, 1 spicchio d'aglio, 400 g di filetti di triglia, ½ bicchiere di vino bianco, 350 g di polpa di pomodoro in scatola, 4 capperi sotto sale, prezzemolo, 4 cucchiai di olio extravergine, sale. Tempo: 25 minuti.

Soffriggi in padella con l'olio il sedano tritato e l'aglio. Quando avranno preso colore unisci i filetti di triglia, falli rosolare 1 minuto per lato e bagna con il vino. Aggiungi la polpa di pomodoro, i capperi non dissalati e cuoci a fuoco medio, con il coperchio, per circa 10 minuti. A fine cottura elimina l'aglio e aggiusta di sale. Nel frattempo lessa la pasta, scolala al dente e ripassala nel sugo di triglie, spolverando alla fine con del prezzemolo tritato. Servi subito ben calda.

Un buon piatto si comincia a gustare con gli occhi... se poi la ricetta è anche ricca e appetitosa, allora il successo è garantito. In questo caso il giallo dello zafferano e il verde dei piselli rendono queste farfalle ancora più irresistibili. Provate per credere!

1° LE TOP DI CASA CLERICI

Farfalle gialle con piselli ... gratinati!

NEW

Tempo di preparazione: 40 minuti Numero di persone: 4 Ingredienti e quantità: 400 g di farfalle, ½ cipolla, 300 g di piselli surgelati, 350 ml di besciamella già pronta, 1 bustina di zafferano, prezzemolo, 80 g di parmigiano grattugiato, 50 g di burro, 3 cucchiai di olio extravergine, pepe, sale.

Realizzazione: Trita finemente la cipolla, riscalda in una casseruola il burro e l'olio e unisci la cipolla. Quando inizia a diventare trasparente aggiungi i piselli. Mescola, regola di sale e pepe e cuoci coperto per 10 minuti. Cuoci le farfalle al dente; nel frattempo sciogli lo zafferano in un po' di acqua della pasta e versalo sui piselli. Scola la pasta, condiscila con i piselli, la besciamella e il prezzemolo tritato e amalgama con il parmigiano. Versa il tutto in una pirofila e fai gratinare in forno preriscaldato a 220° per 10-15 minuti, finché non si sarà formata una crosticina dorata.

Lasagne con ragù di piselli e burrata

Ingredienti per 8 persone: 500 g di pasta fresca per lasagne, 3 cucchiai di misto per soffritto (sedano, carota, cipolla), 450 g di piselli, 750 g di passata di pomodoro, 1 cucchiaino di concentrato di pomodoro, 200 g di burrata, 800 ml di besciamella già pronta, 150 g di parmigiano grattugiato, burro, olio extravergine, sale, pepe. Tempo: 1 ora.

Per il ragù di piselli: soffriggi il misto di verdure con 4 cucchiai d'olio e una noce di burro. Quando sarà appassito unisci i piselli, il pomodoro e il concentrato, sale, pepe e un mestolo d'acqua; fai bollire per 20 minuti, aggiungendo altra acqua se necessario (non dovrà restringersi troppo). Aggiusta di sale e pepe. Componi gli strati in una pirofila di circa 22x32 cm: metti sul fondo un filo d'olio e un velo di ragù, poi uno strato di pasta, un po' di ragù, pezzetti di burrata (sia la parte interna cremosa che l'esterno), besciamella e una spolverata di parmigiano. Ricomincia con la pasta e prosegui allo stesso modo finché non avrai esaurito tutti gli ingredienti. Cuoci le lasagne in forno preriscaldato a 200° per 20 minuti e lascia riposare 10 minuti prima di servire.

Pasta e broccoli risottata

Ingredienti per 4 persone: 320 g di mezze penne rigate, 1 spicchio d'aglio, 4 filetti di acciuga sotto sale, 500 g di broccolo romano, 4 cucchiai di olio extravergine, 50 g di pinoli, 50 g di uvetta, sale. Tempo: 40 minuti.

Soffriggi nell'olio lo spicchio d'aglio tagliato a metà; quando inizia a dorarsi aggiungi le acciughe dissalate e falle sciogliere a fuoco basso. Unisci il broccolo tagliato a pezzetti, fallo insaporire qualche minuto nel condimento, versa 3 mestoli di acqua calda e il sale. Fai cuocere con il coperchio per circa 15 minuti (il broccolo dovrà ammorbidirsi). Elimina l'aglio, aggiungi la pasta cruda, mescola e copri a filo con acqua bollente salata. Fai cuocere mantenendo il bollore e aggiungendo altra acqua bollente man mano che la pasta assorbe il liquido, come per un risotto, mescolando spesso. La pasta, una volta pronta, dovrà risultare asciutta. A fine cottura aggiungi l'uvetta, ammorbidita per 10 minuti in acqua tiepida, e i pinoli. Mescola e servi. Il tempo di cottura della pasta sarà leggermente più lungo di quello indicato sulla confezione, per questo conviene assaggiare per verificare se è cotta al punto giusto; in caso contrario aggiungi altra acqua e prosegui per qualche minuto.

Crema di peperoni con yogurt e basilico

Ingredienti per 4 persone: 1 cipolla bianca grande, 2 peperoni rossi sodi e carnosi, 2 piccoli pomodori San Marzano maturi e sodi, 4 capperi sotto sale, 2 spicchi d'aglio, 6 rametti di timo, 40 g di riso Originario, 1,2 l di acqua, 1 cucchiaino di aceto di vino bianco, 120 g di yogurt greco intero, 1 ciuffetto di basilico, olio extravergine, sale. Tempo: 40 minuti + il tempo di raffreddamento.

In una pentola capace scalda un cucchiaio d'olio e fai insaporire a fuoco basso la cipolla affettata finemente; affetta sottilmente anche i peperoni e aggiungili alla cipolla con un pizzico di sale. Metti il coperchio e cuoci a fuoco medio per circa 15 minuti, mescolando spesso: i peperoni devono diventare morbidi ma non si devono colorire. Pela i pomodori, privali dei semi, tagliali a pezzetti e mettili nella pentola, unisci i capperi (senza dissalarli), l'aglio tritato e le foglioline di timo; prosegui la cottura ancora per 5 minuti, aggiungi il riso, l'acqua calda, l'aceto e una presa di sale. Fai bollire fino a quando il riso non sarà cotto (circa 15 minuti), lascia intiepidire e frulla con un mixer a immersione; devi ottenere una crema liscia e omogenea. Fai raffreddare completamente e servi mettendo in ogni piatto, sulla crema, un cucchiaio di yogurt e alcune foglie di basilico spezzettate.

Maltagliati ai ceci e rosmarino

Ingredienti per 4 persone: 320 g di maltagliati secchi, 1 spicchio d'aglio, 120 g di prosciutto crudo con il suo grasso, peperoncino, 2 bicchierini di brodo vegetale, 250 g di ceci già lessati, 1 rametto di rosmarino, 4 cucchiai di olio extravergine, sale, pepe. Tempo: 30 minuti.

Soffriggi nell'olio lo spicchio d'aglio tagliato a metà con il prosciutto a dadini e un pezzetto di peperoncino; quando l'aglio inizia a colorire aggiungi i ceci con 2 mestolini d'acqua di cottura, il rosmarino tritato e fai bollire per circa 20 minuti, in modo che i ceci si insaporiscano e il liquido si asciughi quasi del tutto. Nel frattempo lessa i maltagliati molto al dente, scolali conservando l'acqua di cottura e aggiungili nel tegame con i ceci; fai mantecare a fuoco medio per qualche minuto, unendo poca acqua di cottura della pasta se occorre (la preparazione dovrà risultare cremosa e non brodosa). Elimina l'aglio e servi ben calda regolando di pepe. Per un piatto ancora più cremoso e saporito schiaccia a parte 2 cucchiai di ceci con un po' dell'acqua della pasta e aggiungili alla preparazione a fine cottura.

1°

Ecco una ricetta particolarmente adatta alle serate estive, con tutto il fascino di un ricco primo piatto, alleggerito però dal fatto che la pasta è fredda. Al pecorino e limone della ricetta originale, ho aggiunto qualche cappero e il risultato non è niente male!

1°

LE TOP DI CASA CLERICI

NEW

Fusilli freddi al limone, pecorino siciliano e... capperi!

Tempo di preparazione: 25 minuti Numero di persone: 4 Ingredienti e quantità: 320 g di fusilli, 12 olive di Gaeta, 2 cucchiai di capperi sott'aceto, 1 limone non trattato, 120 g di pecorino siciliano pepato, origano secco, 5-6 cucchiai di olio extravergine, sale.

Realizzazione: Snocciola le olive e taglia la polpa a filetti. Grattugia la scorza del limone e mescolala con le olive, i capperi scolati, una presa di sale, un pizzico di origano, l'olio e il pecorino sbriciolato. Pela al vivo il limone, preleva la polpa tra una membrana e l'altra e tagliala a cubetti. Unisci agli ingredienti precedenti e mescola. Cuoci la pasta in abbondante acqua in ebollizione salata, scolala al dente, raffreddala sotto l'acqua corrente e condiscila con il sugo preparato.

Fusilli di farro ai gamberi e broccoletti

Ingredienti per 4 persone: 360 g di fusilli di farro, 300 g di cime di broccoletti, 300 g di code di gambero, 1 scalogno, 3 cucchiai di semi di sesamo tostati, 3 cucchiai di olio extravergine, sale. Tempo: 35 minuti.

Lessa i broccoletti in acqua salata per 10 minuti circa e conserva l'acqua di cottura. Affetta sottilmente lo scalogno e soffriggilo in padella con l'olio; quando sarà appassito unisci i gamberi, sgusciati, e lasciali rosolare per 2 minuti. Unisci i broccoletti con un mestolino di acqua di cottura e fai insaporire tutto insieme per 3-4 minuti. Aggiusta di sale. Nel frattempo lessa i fusilli nell'acqua di cottura dei broccoletti, scolali al dente e ripassali nella padella con il condimento preparato. Spolvera con i semi di sesamo e servi.

Gazpacho bianco

Ingredienti per 4 persone: 20 mandorle pelate, 2 spicchi d'aglio, 1 cucchiaio di aceto di vino bianco, 500 ml di acqua, 70 g di mollica di pane fresco, 200 g di uva bianca tipo Regina, 1 cucchiaio di olio extravergine, sale. Tempo: 20 minuti + il tempo di raffreddamento.

Metti nel mixer le mandorle, l'aglio e una presa di sale;

frulla fino a ottenere una polvere. Senza fermare il motore aggiungi dal foro del coperchio l'olio e l'aceto. Trasferisci il composto in una ciotola, aggiungi l'acqua, il pane ridotto in briciole e gli acini d'uva pelati e privati dei semi. Metti in frigo e fai raffreddare completamente. Servi aggiungendo un cubetto di ghiaccio in ogni piatto.

Farfalle vegetariane

Ingredienti per 4 persone: 320 g di farfalle, 2 zucchine, 1 melanzana piccola, prezzemolo, 300 g di ceci già lessati, brodo vegetale, 1 spicchio d'aglio, 2 filetti di acciuga sott'olio, 1 cucchiaio di capperi sotto sale, 8 pomodorini ciliegia, olio extravergine, sale, pepe.
Tempo: 35 minuti.
Affetta per il lungo le zucchine e la melanzana e grigliale sulla piastra ben calda. Tagliale a pezzi di circa 2 cm e condisci con olio, sale, pepe e un po' di prezzemolo tritato. Frulla i ceci con mezzo mestolino di brodo vegetale, 3 cucchiai d'olio, l'aglio, le acciughe e i capperi dissalati. Aggiusta di sale e pepe e se necessario aggiungi ancora un po' di brodo: dovrai ottenere una salsa non troppo densa. Lessa la pasta, condiscila con la crema di ceci, le verdure grigliate e i pomodorini tagliati in 4. Servi la pasta a temperatura ambiente.

Casarecce fredde alla catalana

Ingredienti per 4 persone: 320 g di casarecce, 1 peperone rosso grande e carnoso, 1 spicchio d'aglio, 1 cipolla bianca grande, 4 pomodori a grappolo maturi, 2 cucchiai di capperi sotto sale, 1 cucchiaio di succo di limone, salsa Tabasco, olio extravergine, sale. Tempo: 30 minuti.
Taglia il peperone a quadratini e fallo insaporire in padella con 5 cucchiai d'olio, lo spicchio d'aglio diviso a metà e la cipolla affettata sottilmente; sala e continua la cottura mescolando molto spesso, in maniera che le verdure non si brucino. Quando i pezzetti di peperone saranno cotti ma ancora sodi aggiungi anche i pomodori, privati dei semi e ridotti a cubetti di circa 1 cm, copri e spegni il fuoco: il pomodoro si ammorbidirà con il calore residuo ma non cuocerà troppo. Fai intiepidire, aggiungi i capperi dissalati, il succo di limone e una spruzzata di Tabasco. Elimina l'aglio e lascia raffreddare. Lessa intanto la pasta, falla raffreddare velocemente allargandola su un ampio vassoio (se la condisci con un filo d'olio non si attaccherà) e, una volta fredda, condisci con il sugo ai peperoni. Questo condimento è buono anche per accompagnare del petto di pollo o dei calamari grigliati, lasciati insaporire prima della cottura con olio, timo fresco, aglio e cipolla, poco sale e qualche goccia di limone.

Risotto al baccalà

Ingredienti per 4 persone: 320 g di riso Carnaroli, 350 g di baccalà già ammollato, ½ foglia di alloro, 1 cipolla, 1 spicchio d'aglio, ½ peperone rosso, vino bianco, 4 pomodori pelati in scatola, prezzemolo, olio extravergine, sale. Tempo: 45 minuti.

Lessa il baccalà per 3-4 minuti in acqua non salata con la foglia di alloro, scola e tieni in caldo conservando l'acqua di cottura. A parte soffriggi la cipolla tritata e l'aglio tagliato a metà con 3 cucchiai d'olio; quando iniziano a dorarsi aggiungi il peperone a striscioline e lascia cuocere per circa 10 minuti, poi elimina l'aglio. Aggiungi 2 cucchiai d'olio e il riso, sfuma con un dito di vino e fai evaporare; unisci i pomodori spezzettati, 2 mestoli di brodo di cottura del baccalà e, dopo 5 minuti, il pesce a pezzi. Completa la cottura del risotto aggiungendo acqua bollente man mano che il liquido viene assorbito. Una volta pronto regola di sale, cospargi di prezzemolo tritato e servi. Puoi preparare con questo risotto degli ottimi peperoni ripieni: lascia il riso piuttosto al dente, taglia a metà in orizzontale 2 o 3 peperoni rossi non troppo grandi, svuotali e riempili con il risotto. Mettili in una teglia e infornali a 180° per circa 30 minuti (i peperoni dovranno raggrinzirsi).

Nelle sere passate in casa, in famiglia, con gli amici più intimi, mi diletto a preparare questa ricetta che riscuote sempre un gran successo. Il piccolo segreto che questa preparazione nasconde è l'effetto buonumore che mi dà mentre spadello ricordando, ogni volta, l'occasione in cui l'ho imparata: una bella cena e una splendida notizia.

Paolo

SPECIAL GUEST: PAOLO BONOLIS

Sedani rigati alla contadina

Tempo di preparazione: 20 minuti Numero di persone: 4

Ingredienti e quantità: 350 g sedani rigati, 500 g pomodori datterini, 100 g di pomodori secchi sott'olio, ½ cipolla, 3 fettine di speck tagliato spesso, 2 cucchiai di pangrattato, peperoncino in polvere, olio extravergine, sale.

Realizzazione: In un tegame fai soffriggere la cipolla e lo speck tritati con dell'olio, quindi aggiungi i pomodori datterini tagliati a pezzetti. Lascia appassire, poi unisci i pomodori secchi, un pizzico abbondante di peperoncino, sala e termina la cottura. In un pentolino a parte fai tostare il pangrattato. Nel frattempo lessa la pasta al dente e appena pronta uniscila al condimento. Aggiungi il pangrattato e porta in tavola.

Lasagne salmone e broccoletti

Ingredienti per 8 persone: 500 g di pasta fresca per lasagne, 600 g di broccoletti, 1 scalogno, 600 g di salmone fresco, 1 limone non trattato, 800 ml di besciamella già pronta, 3 cucchiai di pangrattato, olio extravergine, sale. Tempo: 1 ora.

Lessa i broccoletti divisi in cimette in acqua salata, tenendoli al dente (6-7 minuti circa). A parte soffriggi lo scalogno con 4 cucchiai d'olio e, quando sarà appassito, aggiungi il salmone a dadini. Fai rosolare per 5 minuti, unisci anche i broccoletti e lascia insaporire per altri 5 minuti. Profuma con una grattugiata di scorza di limone. Componi la lasagna in una pirofila di circa 22x32 cm: metti sul fondo un filo d'olio e un velo di besciamella, poi inizia con il primo strato di pasta, salmone, broccoletti e besciamella. Continua con la pasta e gli altri ingredienti finché non li avrai esauriti. Termina con una spolverata di pangrattato e cuoci in forno preriscaldato a 200° per 20 minuti; lascia riposare 5 minuti e servi. Questa preparazione è ottima anche sostituendo il salmone con pari quantità di pesce bianco (branzino, orata, sogliola ecc.). Puoi anche realizzare un gratin: condisci 600 g di pasta corta, lessata al dente, con la farcitura preparata, spolvera con pangrattato e inforna a 200° per 20 minuti.

Ruote con carciofi e uovo

Ingredienti per 4 persone: 320 g di ruote, 2 filetti di acciuga sott'olio, 4 carciofi, 2 uova, ½ limone, 3 cucchiai di parmigiano grattugiato, 4 cucchiai di olio extravergine, sale, pepe. Tempo: 20 minuti.

Scalda le acciughe in padella con l'olio, facendole sciogliere a fuoco basso. Affetta sottilmente i carciofi e aggiungili nella padella; cuoci a fuoco medio, con il coperchio, finché non saranno teneri (circa 10 minuti). Aggiusta di sale e pepe. Metti a lessare la pasta e, nel frattempo, batti in una ciotolina le uova con 2 cucchiai di succo di limone, il parmigiano, sale e pepe. Quando la pasta sarà cotta ripassala nella padella con i carciofi, versa il composto di uova e spegni il fuoco. Mescola rapidamente in modo che l'uovo diventi cremoso senza stracciarsi e servi subito.

Spaghetti con le briciole alle olive

Ingredienti per 4 persone: 320 g di spaghetti, 70 ml di olio extravergine, 2 spicchi d'aglio, 3 acciughe sotto sale, 4 cucchiai di pane raffermo grattugiato, 12 olive nere greche snocciolate, sale. Tempo: 20 minuti.

Tosta il pane grattugiato sotto il grill del forno. Metti l'olio e l'aglio in un pentolino e scalda a fuoco medio; lascia cuocere l'aglio finché non sarà leggermente dorato, mescolando ogni tanto. Eliminalo e abbassa il fuoco al minimo. Aggiungi le acciughe dissalate e tritate e lasciale sciogliere mescolando continuamente. Alza un po' la fiamma e aggiungi il pane grattugiato. Cuoci per 5 minuti, mescolando spesso. Spegni il fuoco e unisci le olive tritate. Lessa la pasta in acqua salata, condiscila con l'olio preparato e servi immediatamente.

Tagliatelle al tonno fresco e rucola

Ingredienti per 4 persone: 350 g di tagliatelle all'uovo secche, 4 pomodori maturi (perini o San Marzano), 100 g di pomodori secchi sott'olio, 2 cucchiai di capperi sotto sale, 350 g di tonno fresco, 100 g di rucola, 1 arancia non trattata, olio extravergine, sale, pepe. Tempo: 20 minuti. Scalda 3 cucchiai di olio e aggiungi i pomodori freschi (sbucciati con un coltellino ben affilato, privati dei semi e tagliati a dadini), i pomodori secchi tritati grossolanamente, i capperi dissalati e fai cuocere a fuoco medio, mescolando, per circa 5 minuti. Unisci il tonno tagliato a dadi, una presa di sale e continua la cottura per altri 5 minuti. Lessa le tagliatelle e condiscile con il condimento preparato, la rucola spezzettata, un'abbondante grattugiata di buccia d'arancia, un filo d'olio e una macinata di pepe.

Come non dedicarti una tipica ricetta della nostra terra... o meglio del nostro mare! Il vero brodetto per noi lo trovi solo nelle Marche, perciò più che una ricetta il nostro è un invito. Ti aspettiamo!!

Simone e Mita

SPECIAL GUEST: SIMONE E MITA

Brodetto di pesce

Tempo di preparazione: 1 ora e 30 minuti **Numero di persone:** 4 **Ingredienti e quantità:** 1 kg di pesce misto (merluzzetti, triglie, calamaretti, pesce cappone, scorfano, palombetti ecc.), 1 costa di sedano, 2 cipolle, 1 carota, prezzemolo, 1 foglia di alloro, 2 spicchi d'aglio, 1 bicchiere di vino bianco, 150 g di polpa di pomodoro in scatola, 4 cucchiai di olio extravergine, sale, pepe in grani.

Realizzazione: Pulisci i pesci e tieni da parte le teste, mettile in una casseruola con il sedano, una cipolla, la carota, prezzemolo, l'alloro, 2-3 grani di pepe, sale e copri con acqua. Porta a ebollizione e cuoci per 30 minuti, poi passa al setaccio e tieni da parte. Fai soffriggere nell'olio la restante cipolla affettata, l'aglio e un po' di prezzemolo tritati; aggiungi i calamaretti, versa il vino e fai evaporare, poi unisci la polpa di pomodoro e cuoci per una decina di minuti. Diluisci il composto con il brodo, aggiungi i palombetti, il pesce cappone e lo scorfano, dopo qualche minuto i merluzzetti e le triglie. Cuoci per alcuni minuti ancora e servi con pane tostato.

Crema di zucca con pera, arancia e rosmarino

Ingredienti per 4 persone: 450 g di zucca pulita, 1 cipolla, 500 ml di brodo vegetale, 1 pera Williams matura, 1 rametto di rosmarino, 2 arance non trattate, 2 cucchiaini di olio extravergine, sale, pepe. Tempo: 50 minuti.
Scalda l'olio e fai appassire la cipolla affettata finemente. Aggiungi la zucca a fettine, il rametto di rosmarino, la pera pelata e affettata, il brodo, il succo di un'arancia e un cucchiaio di buccia grattugiata. Porta a bollore e cuoci per 20-25 minuti, finché la zucca non sarà cotta. Elimina il rosmarino, frulla con un frullatore a immersione, regola di sale e pepe e servi guarnendo le ciotole con spicchi d'arancia.

Tortellini in brodo all'orientale

Ingredienti per 4 persone: 350 g di tortellini di carne freschi, 1,2 l di brodo di carne, 80 g di carote, 80 g di zucchine, 80 g di funghi champignon, salsa di soia, 50 g di spinaci novelli da insalata, erba cipollina fresca (o secca), olio per friggere. Tempo: 30 minuti.
Porta a bollore il brodo e unisci le carote e le zucchine tagliate a mezze rondelle e i funghi a lamelle. Fai bollire per 20 minuti. Nel frattempo friggi i tortellini

crudi tuffandoli nell'olio (profondo 4-5 cm) ben caldo, per pochi secondi, finché non saranno ben dorati. Poco prima di servire aggiungi al brodo un cucchiaino di salsa di soia (regola la quantità secondo il tuo gusto), gli spinaci novelli, che dovranno solo appassirsi un po' con il calore del brodo, e i tortellini fritti; completa con un po' di erba cipollina tagliuzzata e servi immediatamente.

Farfalle al tonno, burro e parmigiano

Ingredienti per 4 persone: 320 g di farfalle, 1 cipollotto, 70 g di burro, 200 g di tonno sott'olio già sgocciolato, parmigiano grattugiato, sale, pepe. Tempo: 20 minuti.
Soffriggi il cipollotto tritato con una noce di burro e, quando sarà appassito, mettilo con il suo fondo di cottura nella terrina in cui condirai la pasta, insieme al resto del burro e al tonno. Mescola con un cucchiaio di legno per sminuzzare il tonno e aggiusta di sale. Lessa la pasta, versa nel condimento preparato, diluendo con un po' di acqua di cottura per renderlo più cremoso, spolvera con parmigiano e pepe e servi. Per abbreviare ulteriormente i tempi puoi sostituire il cipollotto stufato con un bel ciuffo di erba cipollina tagliuzzata finemente, unita a crudo al tonno e al burro.

Insalata di riso con rana pescatrice e curry

Ingredienti per 4 persone: 320 g di riso Carnaroli, 1 bicchiere di vino bianco, 2 cipollotti, 400 g di polpa di rana pescatrice, 4 cucchiai di succo di limone, 1 cucchiaio di curry, 1 cucchiaino di passata di pomodoro, olio extravergine, sale. Tempo: 35 minuti + il tempo di raffreddamento.

Porta a bollore circa 2 litri d'acqua con il vino e il sale, affetta i cipollotti a rondelle e tuffali nel liquido in ebollizione. Dopo 30 secondi scolali con un mestolo forato e passali in acqua fredda. Taglia il pesce a dadini e lessa anche questi per 2 minuti, nella stessa acqua. Scola e tieni da parte, coperto. Lessa il riso in un'altra pentola, in abbondante acqua salata, tenendolo al dente, poi scolalo e allargalo su un ampio vassoio per farlo raffreddare rapidamente. Irrora con olio perché non si incolli e mescola. Quando sarà freddo mettilo in un'ampia terrina, unisci i cipollotti sbollentati, il pesce e condisci il tutto con olio e una salsina ottenuta mescolando il succo di limone con il curry e la passata di pomodoro. Aggiusta di sale e tieni in fresco fino al momento di servire. Se non ti piace il sapore piccante scegli un curry medio.

Lasagne primaverili alla crescenza

Ingredienti per 8 persone: 500 g di pasta fresca per lasagne, 3 carciofi, 4 zucchine piccole, 12 asparagi, 1 scalogno, 800 ml di besciamella già pronta, 250 g di crescenza, 120 g di parmigiano grattugiato, olio extravergine, sale. Tempo: 1 ora.

Taglia i carciofi a fettine, le zucchine a mezze rondelle e gli asparagi a tocchetti. Soffriggi lo scalogno con 6 cucchiai d'olio, fai appassire e aggiungi le verdure e il sale. Lascia insaporire per 1 minuto, bagna con un mestolino d'acqua calda e cuoci per 10-15 minuti (le verdure dovranno cuocersi ma restare sode). Componi gli strati della lasagna in una pirofila di circa 22x32 cm: metti sul fondo un filo d'olio e un velo di besciamella, fai uno strato di pasta, coprila con un po' di verdure, crescenza a fiocchetti, besciamella e parmigiano. Prosegui allo stesso modo finché non avrai esaurito tutti gli ingredienti. Cuoci in forno preriscaldato a 200° per 20 minuti e lascia riposare 10 minuti prima di servire. Per variare questa preparazione trita una scamorza affumicata, mescolala alla besciamella e procedi normalmente. In alternativa trita grossolanamente del prosciutto cotto di Praga e distribuiscilo fra gli strati di pasta con gli altri ingredienti.

Dolcissima Antonella, ecco la mia ricetta per il tuo libro: è semplice e di facile preparazione. Spero ti piaccia come piace a me!

Claudio

SPECIAL GUEST:
CLAUDIO LIPPI

Riso freddo con mortadella e fontina

Tempo di preparazione: 30 minuti Numero di persone: 4

Ingredienti e quantità: 300 g di riso Arborio o Roma, 100 g di fontina, 100 g di mortadella in una sola fetta, 20 olive nere snocciolate, 1 scatoletta di tonno sott'olio, olio extravergine, sale, pepe.

Realizzazione: Lessa il riso in acqua bollente salata e quando è al dente scolalo e passalo sotto l'acqua fredda. Trasferisci in una ciotola capiente e versa sopra un filo d'olio. A parte taglia a cubetti la fontina e la mortadella e unisscili al riso insieme alle olive e al tonno sgocciolato e tagliuzzato. Regola di sale e pepe e... buon appetito!

Spaghettini in salsa di formaggi e basilico

Ingredienti per 4 persone: 320 g di spaghettini, 1 mazzetto di basilico, 100 g di mascarpone, 100 g di crescenza, parmigiano grattugiato, sale, pepe. Tempo: 15 minuti.
Metti nel frullatore i formaggi, le foglie di basilico e una macinata di pepe. Lessa intanto la pasta e, mentre cuoce, frulla i formaggi e il basilico, allungando la salsa con l'acqua di cottura, fino a renderla piuttosto fluida. Condisci la pasta con la salsa preparata e una spolverata di parmigiano.

Cartoccio di spaghetti di kamut con tonno e porri

Ingredienti per 4 persone: 320 g di spaghetti di kamut, 4 porri, brodo vegetale, 250 g di tonno fresco, ½ cucchiaio di salsa di soia, olio extravergine, sale. Tempo: 30 minuti.
Taglia i porri a rondelle, soffriggili in una grande padella con 3 cucchiai d'olio e, quando iniziano ad appassire, aggiungi mezzo mestolino di brodo vegetale. Metti il coperchio e fai cuocere, a fuoco medio, per 10 minuti, finché i porri non diventeranno teneri ma non sfatti. Taglia il

tonno a dadini, aggiungilo ai porri, sala leggermente e cuoci per 3-4 minuti. Lessa la pasta molto al dente, passala nella padella con il condimento diluendo con brodo o acqua di cottura, aggiungi un filo d'olio, la salsa di soia e aggiusta di sale. Distribuisci la pasta condita su 4 fogli di carta da forno e chiudili a cartoccio, sigillando bene la chiusura. Passa i cartocci in forno preriscaldato a 180° per 5 minuti e servili in tavola ancora chiusi sui piatti individuali: ogni commensale aprirà il suo.

Linguine in crema di tonno, limone e pomodoro

Ingredienti per 4 persone: 320 g di linguine, 3 pomodori maturi, 240 g di tonno sott'olio già sgocciolato, ½ spicchio d'aglio, 1 limone non trattato, 4 filetti di acciuga sott'olio, basilico, origano secco, scaglie di pecorino, 6 cucchiai di olio extravergine, sale, pepe. Tempo: 20 minuti. Sbuccia i pomodori con un coltellino ben affilato ed elimina i semi; mettili nel bicchiere del mixer insieme al tonno, l'aglio, la scorza grattugiata dell'intero limone, le acciughe, abbondante basilico, un pizzico di origano e l'olio. Frulla fino a ottenere una crema e aggiusta di sale e pepe. Lessa la pasta, condiscila con la crema preparata e guarnisci con il pecorino in scaglie.

Un primo gustosissimo per chi ama stare a tavola e godere dei piaceri della buona cucina, proprio come Antonella. In più è un piatto semplice e veloce da realizzare, perfetto per quando si presentano gli ospiti all'ultimo minuto.

Giulio e Maria

SPECIAL GUEST: GIULIO E MARIA

Mezze maniche alle melanzane e olive

Tempo di preparazione: 25 minuti Numero di persone: 6

Ingredienti e quantità: 500 g di mezze maniche, aglio, cipolla, sedano, carota, 500 g di pomodori pelati in scatola, 2 melanzane, 300 g di olive nere greche, 2 cucchiai di maionese, parmigiano grattugiato, olio extravergine, sale.

Realizzazione: Porta a bollore l'acqua salata della pasta. Metti a soffriggere in un pentolino aglio, cipolla, sedano e carota tritati, aggiungi i pelati e fai cuocere a fuoco lento. Nel frattempo taglia le melanzane a fettine sottili e soffriggile in padella in olio bollente. Asciugale su carta assorbente da cucina. Snocciola le olive e riuniscile in una terrina grande con le melanzane, amalgamando con la maionese. Cuoci la pasta, scola, versa nella terrina e aggiungi il sugo di pomodoro bollente. Mescola e servi con abbondante parmigiano grattugiato.

Insalata di conchiglie e crudités

Ingredienti per 4 persone: 320 g di conchiglie, 2 zucchine piccole, 2 carote, ½ cipolla rossa di Tropea, origano secco, 1 limone, ½ peperone rosso, 100 g di olive verdi snocciolate, 4 filetti di acciuga sott'olio, 100 g di ricotta salata, olio extravergine, sale, pepe. Tempo: 20 minuti.
Con una grattugia a fori grossi grattugia le zucchine e le carote, aggiungi la cipolla affettata sottile e condisci con 4 cucchiai di olio, un pizzico di origano, 1 cucchiaio di succo di limone, sale e pepe. Unisci il peperone a dadini, le olive a rondelle e le acciughe a pezzetti e mescola con molta delicatezza. Lessa la pasta, condiscila con le verdure e lascia raffreddare. Aggiungi un filo d'olio e la ricotta salata a lamelle.

Gnocchetti sardi con fagioli stufati

Ingredienti per 4 persone: 320 g di gnocchetti sardi, ½ cipolla bianca, 250 g di salsiccia, ½ bicchiere di vino bianco, 350 g di passata di pomodoro, 250 g di fagioli borlotti già lessati, 1 bustina di zafferano, pecorino sardo stagionato grattugiato, 3 cucchiai di olio extravergine, sale, pepe. Tempo: 35 minuti.
Trita la cipolla e soffriggila con l'olio; quando sarà appassita aggiungi la salsiccia sbriciolata, falla roso-

lare per qualche minuto e sfuma con il vino. Dopo 1 minuto aggiungi il pomodoro e i fagioli e fai stufare con un mestolino d'acqua per 15 minuti, a fuoco medio, con il coperchio. Aggiusta di sale, aggiungi lo zafferano sciolto in qualche cucchiaio d'acqua calda e prosegui la cottura ancora per 5 minuti. Lessa la pasta, condiscila con il sugo preparato, spolvera con il pecorino e una macinata di pepe e servi ben calda.

Risotto alla zucca e curry

Ingredienti per 4 persone: 320 g di riso Carnaroli, 1 scalogno, 1 rametto di rosmarino, 1 cucchiaino di curry, 450 g di zucca pulita, 600 ml di brodo vegetale, 400 ml di latte, 1 noce di burro, 3 cucchiai di olio extravergine, sale. Tempo: 25 minuti.

Trita lo scalogno e il rosmarino e falli soffriggere con l'olio; quando lo scalogno sarà ben appassito aggiungi il riso insieme al curry e, mescolando, lascia insaporire per 2 minuti; aggiungi la zucca, grattugiata con una grattugia a fori grossi, il sale e i liquidi (brodo e latte, entrambi ben caldi), che unirai poco alla volta, man mano che il riso li assorbe. Quando il riso sarà cotto al dente toglilo dal fuoco, unisci il burro a pezzetti, mescola delicatamente e lascia riposare 1 minuto, con il coperchio, prima di servire.

Vellutata alla lattuga con dadini di pollo

Ingredienti per 4 persone: 400 g di lattuga, 1 pezzetto di porro (circa 5 cm), 80 g di piselli surgelati, 1 cucchiaio di farina, 700 ml di brodo di pollo, 180 g di petto di pollo, 4 cucchiai di panna fresca, olio extravergine, sale, pepe. Tempo: 25 minuti.

Affetta sottilmente il porro e soffriggine metà con 3 cucchiai d'olio; quando sarà appassito unisci i piselli e la lattuga tagliata a pezzi. Fai insaporire brevemente, mescolando, poi sala leggermente, spolvera con la farina, mescola ancora e bagna con il brodo caldo. Porta a bollore e cuoci per 10 minuti. Nel frattempo soffriggi il resto del porro con 2 cucchiai d'olio e, quando sarà dorato, aggiungi il pollo tagliato a dadini; cuoci per 5-6 minuti finché non saranno coloriti. Frulla la minestra con un mixer a immersione, aggiungi la panna e amalgama; suddividi la vellutata nei piatti e completala con i dadini di pollo e una macinata di pepe. Puoi arricchire questa vellutata con l'aggiunta di mandorle a lamelle, tostate in forno per farle dorare, oppure con dei crostini al sesamo preparati così: prendi la crosta di 2 panini al sesamo, lasciandoci anche un po' di mollica, tagliala a quadratini e passali a tostare sotto il grill del forno.

"Paglia e fieno" al ragù bianco

Ingredienti per 4 persone: 320 g di tagliatelle paglia e fieno secche, 1 scalogno, 1 costa di sedano, 1 carota, 1 bicchiere circa di brodo di pollo, 20 g di funghi porcini secchi, 150 g di petto di tacchino, 150 g di petto di pollo, ½ bicchiere di vino bianco, ½ cucchiaio di farina, 1 rametto di rosmarino, 2 foglie di salvia, parmigiano grattugiato, 4 cucchiai di olio extravergine, sale, pepe.
Tempo: 45 minuti.
Trita lo scalogno, il sedano e la carota e falli soffriggere con l'olio a fuoco dolce, finché non saranno morbidi (unisci 2 cucchiai di brodo per non farli bruciare). Metti a bagno i funghi in acqua calda per 10 minuti. Taglia la carne a dadini piccoli e uniscila al soffritto insieme ai funghi, sgocciolati e tritati. Fai insaporire a fuoco vivace per qualche minuto, poi versa il vino. Quando sarà evaporato sala, spolvera la farina sulla carne, mescola velocemente e diluisci con il restante brodo caldo. Lega insieme il rosmarino e la salvia con spago da cucina, mettili nel tegame (li eliminerai a fine cottura), incoperchia e fai cuocere a fuoco medio per 20 minuti. Nel frattempo lessa la pasta in acqua salata e condiscila con il ragù, parmigiano e una macinata di pepe. Servi ben calda. Per un piatto più ricco puoi aggiungere al condimento una noce di burro.

Ecco un piatto davvero "casalingo" perfetto quando dovete sfamare tutta la famiglia in una fredda giornata invernale. Credetemi, non c'è niente di meglio che mettere tutti di buonumore con un primo così sostanzioso ma facile da realizzare.

NEW

Rigatoni con salsiccia e zafferano... al forno!

Tempo di preparazione: 15 minuti Numero di persone: 4 Ingredienti e quantità: 320 g di rigatoni, 400 g di salsiccia, 2 bustine di zafferano, 2 cipollotti, prezzemolo tritato, 200 g di besciamella già pronta, parmigiano grattugiato, olio extravergine, sale, pepe.

Realizzazione: Mentre la pasta cuoce, fai imbiondire in una grande padella i cipollotti finemente tritati insieme a un po' d'olio e di acqua. Spella la salsiccia e riducila a pezzettini. Quando l'acqua è assorbita del tutto e la cipolla è diventata trasparente, aggiungi la salsiccia e fai cuocere. Unisci qualche cucchiaio di prezzemolo e regola di sale. Sciogli lo zafferano in un cucchiaino d'acqua calda e aggiungilo alla besciamella. Scola la pasta al dente, condiscila con la salsiccia, pepe, parmigiano e un filo d'olio. Trasferisci il tutto in una teglia, copri con la besciamella e fai gratinare sotto il grill del forno a 220° per 10 minuti.

Mezze maniche saltincielo

Ingredienti per 4 persone: 320 g di mezze maniche, 2 cipolle rosse di Tropea, 1 rametto di rosmarino, 2 foglie di salvia, 4 cucchiai di vino bianco, 100 g di mortadella affettata spessa, parmigiano grattugiato, 1 noce di burro, 2 cucchiai d'olio extravergine, sale, pepe. Tempo: 30 minuti.

Scalda il burro con l'olio, unisci le cipolle affettate finemente, il rosmarino e la salvia legati con spago da cucina e fai appassire a fuoco basso. Sala leggermente, sfuma con il vino e continua a cuocere finché le cipolle non saranno morbide e trasparenti (10-12 minuti). Elimina le erbe aromatiche, aggiungi la mortadella a dadini e fai insaporire per 1 minuto. Aggiusta di sale. Nel frattempo lessa la pasta e ripassala nel condimento preparato. Spolvera con parmigiano grattugiato e pepe e servi subito.

Ravioli al gratin

Ingredienti per 4 persone: 500 g di ravioli di ricotta e spinaci, 200 g di ricotta, foglie di salvia, 60 g di parmigiano grattugiato, 200 ml di besciamella già pronta, 4 cucchiai di latte, 100 g di gherigli di noce, 2 cucchiai di pangrattato, burro, sale, pepe. Tempo: 25 minuti.

Usando un cucchiaio di legno, lavora la ricotta con un

pizzico di sale, abbondante pepe, la salvia tritata e 2 cucchiai di parmigiano. Quando il composto sarà omogeneo unisci la besciamella, il latte e mescola. Lessa i ravioli al dente, condiscili con il composto di ricotta, aggiungi le noci spezzettate, quindi trasferiscili in una pirofila imburrata; cospargi con il pangrattato mescolato al parmigiano rimasto e inforna a 200° per 15 minuti, finché non si formerà una crosticina dorata. Fai intiepidire 5 minuti prima di servire.

Bigoli con le acciughe

Ingredienti per 4 persone: 350 g di bigoli (o altri spaghetti grossi di semola freschi), 1 spicchio d'aglio, peperoncino (facoltativo), 50 g di filetti di acciuga sotto sale, 2 cucchiai di pinoli, olio extravergine, sale.
Tempo: 20 minuti.
Soffriggi con 2 cucchiai d'olio lo spicchio d'aglio tagliato a metà e un pezzetto di peperoncino; dissala i filetti di acciuga e mettili nel mixer insieme ai pinoli e 6 cucchiai d'olio. Frulla e versa la salsina ottenuta nella padella con l'aglio; falla soffriggere 1 minuto, elimina l'aglio e il peperoncino e versaci la pasta, che avrai lessato in acqua leggermente salata e scolato al dente. Mescola per distribuire il condimento, diluendo con poca acqua di cottura, se necessario, e servi ben calda.

Minestra di orzo con sedano e patate

Ingredienti per 4 persone: 4 patate, ½ cipolla, 2 coste di sedano (prese dal cuore, bianche e tenere), 150 g di orzo perlato, brodo di carne o vegetale, parmigiano grattugiato, olio extravergine, sale. Tempo: 50 minuti.
Taglia le patate, già sbucciate, a pezzi grossi e mettile in una pentola con la cipolla e il sedano finemente tritati. Copri con il brodo e porta a bollore. Aggiungi l'orzo e fai cuocere completamente, versando se necessario altro brodo o acqua (occorreranno circa 30 minuti); estrai dalla minestra i pezzi di patata, schiacciali con una forchetta e rimettili dentro la pentola, amalgamando al resto. Aggiusta di sale e servi la minestra completata con un filo d'olio e cosparsa di parmigiano grattugiato. È ottima sia calda che a temperatura ambiente.

Polenta al forno

Ingredienti per 4 persone: 1 kg di polenta già pronta, ½ porro, 400 g di funghi misti, 300 g di zucca pulita, 100 g di scamorza affumicata, 400 ml di besciamella già pronta, 60 g di grana grattugiato, burro, olio extravergine, sale. Tempo: 40 minuti.
Soffriggi il porro affettato sottile con 3 cucchiai d'olio;

quando sarà appassito aggiungi i funghi e la zucca affettati finemente. Insaporisci con sale, metti il coperchio e fai stufare per circa 15 minuti, finché la zucca non sarà tenera. Imburra una pirofila e disponi sul fondo metà della polenta, tagliata a fettine sottili. Distribuisci sulla polenta i due terzi del composto preparato, la scamorza a fettine, metà della besciamella e del grana. Fai un secondo strato di polenta, prosegui con il composto rimasto, la besciamella e termina con il grana. Metti a gratinare in forno preriscaldato a 200° per 15 minuti.

Penne all'arrabbiata nera

Ingredienti per 4 persone: 320 g di penne, 2 spicchi d'aglio, 1 peperoncino, 300 g di passata di pomodoro, 3 cucchiai di pâté di olive nere, 200 g di mozzarella di bufala, prezzemolo, 4 cucchiai d'olio extravergine, sale. Tempo: 20 minuti.

Soffriggi gli spicchi d'aglio, tagliati a metà, e il peperoncino a pezzetti con l'olio; quando l'aglio inizia a prendere colore aggiungi il pomodoro e fai cuocere per 10 minuti. A fine cottura elimina aglio e peperoncino e amalgama al sugo il pâté di olive e regola di sale. Lessa la pasta e condiscila con il sugo preparato e la mozzarella di bufala stracciata con le mani. Completa con una spolverata di prezzemolo tritato e servi.

Quando all'Aquila c'era il ristorante le "Tre Marie", io mangiavo sempre e solo maccheroni alla chitarra perché nessun piatto rappresentava meglio la cucina della mia città. La chitarra è un telaio di legno con fili di acciaio sottili legati ai due estremi in modo parallelo. La sfoglia di pasta all'uovo viene appoggiata sulla chitarra e sopra si passa il matterello per ottenere i maccheroni. Mia madre non usava la chitarra, ma era così abile che riusciva a ritagliare i maccheroni uno per uno con il coltello. Solo un esperto avrebbe potuto capire la differenza. Possono essere conditi con un sugo qualunque, ma se si vuole rispettare la ricetta originale il sugo deve essere di castrato di agnello.

Bruno

SPECIAL GUEST: BRUNO VESPA

Maccheroni alla chitarra con sugo d'agnello

Tempo di preparazione: 2 ore Numero di persone: 4 Ingredienti e quantità: 350 g di maccheroni alla chitarra, 800 g di agnello tagliato a pezzi, 700 g di polpa di pomodoro, 1 cipolla, 1 bicchiere di vino bianco, 60 g di pecorino grattugiato, 3 cucchiai d'olio extravergine, sale, pepe.

Realizzazione: Scalda l'olio in una capiente casseruola, metti la carne e falla rosolare bene. Sfuma con il vino e prosegui la cottura finché non sarà completamente evaporato. Trita molto fine la cipolla e uniscila alla carne, mescola bene e aggiusta di sale e poco pepe. Versa la polpa di pomodoro e un mestolo di acqua calda, copri e fai cuocere per 1 ora e mezza. Poco prima di spegnere aggiusta di sale. Lessa la pasta in abbondante acqua salata, scolala, raccoglila in una terrina e condiscila subito con una parte del pecorino e del sugo. Mescola con una forchetta e servila con altro sugo e il rimanente pecorino. La carne puoi mangiarla come secondo.

Vellutata di asparagi con gamberi saporiti

Ingredienti per 4 persone: 900 g di asparagi, 1 scalogno, 200 g di patate, 1 l di brodo vegetale, 100 ml di panna fresca, 12 code di gambero, 6 fettine sottili di pancetta, 3 cucchiai di vino bianco, 4 cucchiai di olio extravergine, sale, pepe. Tempo: 45 minuti.

Fai soffriggere lo scalogno tritato con l'olio. Quando sarà appassito unisci gli asparagi tagliati a rondelle, conservandone 8 punte (5 cm di lunghezza) che lesserai a parte. Mescola e fai cuocere per 5-6 minuti, poi insaporisci con sale, unisci le patate sbucciate e tagliate a cubetti e prosegui la cottura, mescolando, per qualche minuto. Versa il brodo bollente e cuoci per 20 minuti, togli dal fuoco e, con un frullatore a immersione, riduci il tutto in crema, unendo anche la panna. Mentre le verdure cuociono sguscia i gamberi e avvolgi ciascuno di essi con mezza fettina di pancetta. Passali in una padella antiaderente senza aggiunta di grassi per 2 minuti, tenendo sotto la chiusura della fetta di pancetta. Sfuma con il vino, metti il coperchio e dopo un altro minuto togli dal fuoco. Versa la vellutata di asparagi nei piatti e guarnisci ogni piatto con 3 gamberi e 2 punte di asparago. Spolvera con un po' di pepe e servi.

Zuppa di cavolo all'irlandese

Ingredienti per 4 persone: 250 g di cavolo cappuccio, 1 cipolla bianca piccola, 1 spicchio d'aglio, 80 g di pancetta affumicata, 150 g di patate, 300 g di polpa di pomodoro in scatola, ½ l di brodo di carne, 4 fette di pane casereccio, 25 g di burro, 2 cucchiai di olio extravergine, sale, pepe. Tempo: 40 minuti.

Trita la cipolla e soffriggila con il burro e l'olio. Quando sarà appassita unisci l'aglio tagliato a metà e la pancetta a listarelle. Fai rosolare per qualche minuto, poi aggiungi il cavolo tagliato a striscioline e fallo "sudare" a fuoco basso, con il coperchio, per 5 minuti, mescolando spesso. Sbuccia le patate, riducile a tocchetti e uniscile al resto insieme al pomodoro e al brodo caldo. Porta a bollore e lascia cuocere a fuoco medio per 20 minuti. Verso la fine della cottura regola di sale e di densità versando, se necessario, poca acqua bollente. Taglia a metà le fette di pane, tostale sotto il grill del forno caldissimo per qualche minuto e disponile nei piatti. Versaci sopra la zuppa bollente e servi con una macinata di pepe. Se vuoi, puoi trasformare questa zuppa in un sostanzioso piatto unico aggiungendo 4 costine di maiale o 4 salsicce. Cuocile, rosolandole insieme alla pancetta e procedi normalmente con la ricetta.

Timballo di pasta integrale con salsiccia e verza

Ingredienti per 4 persone: 300 g di tortiglioni integrali, 350 g di verza, 1 scalogno, 350 g di salsiccia, 600 ml di besciamella già pronta, 80 g di grana grattugiato, 2 cucchiai di olio extravergine, sale, pepe. Tempo: 40 minuti.
Lessa le foglie di verza, intere, per 5 minuti, poi scolale e tagliale a striscioline. A parte soffriggi lo scalogno con l'olio facendolo appassire, unisci la salsiccia sbriciolata e lascia rosolare per qualche minuto, mescolando spesso; aggiungi la verza, sale, pepe e fai insaporire tutto insieme a fuoco medio per 5 minuti. Lessa la pasta molto al dente e condiscila con il composto di verza e salsiccia, la metà della besciamella e del grana. Mescola velocemente e versa la pasta in una pirofila unta con un filo d'olio. Distribuisci in superficie il resto della besciamella e del grana e passa a gratinare in forno preriscaldato a 220° per 15 minuti.

Risotto al vino rosso, grana e nocciole

Ingredienti per 4 persone: 320 g di riso Carnaroli, ¼ di cipolla rossa, 500 ml di vino rosso corposo, 1 foglia di salvia, 500 ml di brodo di carne, grana grattugiato,

60 g di nocciole tostate, burro, 2 cucchiai di olio extravergine, sale. Tempo: 25 minuti.
Trita la cipolla e soffriggila con una noce di burro e l'olio finché non sarà tenera. Aggiungi il riso e fallo insaporire per 1 minuto, mescolando, poi unisci il vino e la salvia. Quando il vino sarà evaporato prosegui la cottura aggiungendo poco brodo bollente man mano che il liquido viene assorbito. Quando il riso sarà cotto al dente, aggiusta di sale, elimina la foglia di salvia e fai mantecare aggiungendo una noce di burro a fiocchetti e 2 cucchiai di grana; mescola e lascia coperto per 1 minuto. Servi cospargendo i piatti con le nocciole spezzettate grossolanamente e una spolverata di grana.

Tagliatelle al profumo di erbe

Ingredienti per 4 persone: 320 g di tagliatelle all'uovo secche, 50 g di burro, 1 spicchio d'aglio, erbe aromatiche fresche (basilico, timo, maggiorana, erba cipollina), parmigiano grattugiato, sale, pepe. Tempo: 15 minuti.
Fondi una noce di burro e unisci l'aglio finemente tritato; appena inizia a dorarsi spegni il fuoco e aggiungi il burro rimasto e le erbe tritate (circa un cucchiaio di ognuna). Lessa la pasta in acqua salata e condiscila con il burro alle erbe, parmigiano grattugiato e una macinata di pepe.

Maelle è proprio "patatosa"... E come ogni bambino ama patate, patatine e gnocchi. In questa ricetta però c'è un trucco. Gli gnocchi non sono fatti di patate, ma di semplice farina. Io glieli condisco nei modi più svariati, col sugo di pomodoro, col pesto... per arrivare, quando vogliamo strafare, a un bel sugo all'amatriciana.

RICETTA PER MAELLE

Gnocchi di farina sciué sciué

Tempo di preparazione: 45 minuti Numero di persone: 4 (o 6 bimbi) Ingredienti e quantità: 500 g di farina, 500 ml d'acqua, 1 cipollotto, 500 g di passata di pomodoro, parmigiano grattugiato, 3 cucchiai di olio extravergine, sale.

Realizzazione: Porta a bollore l'acqua (senza sale). Setaccia la farina e versala tutta in una volta nella casseruola, mescolando per amalgamare. Quando è stata assorbita trasferisci l'impasto su un piano e lavoralo ripiegandolo ripetutamente su se stesso, fino a renderlo liscio e omogeneo. Forma un panetto, avvolgilo in un canovaccio e fai riposare per 15 minuti. Preleva delle porzioni di impasto e forma dei cordoncini dello spessore di un dito. Tagliali a pezzi di circa 1,5 cm e rotola gli gnocchi così ottenuti sui rebbi di una forchetta. Per il condimento: soffriggi il cipollotto tritato nell'olio, unisci il pomodoro e cuoci per circa 10 minuti. Lessa gli gnocchi in acqua bollente salata e, quando vengono a galla, scolali e condiscili con il sugo preparato. Cospargi con il formaggio grattugiato.

Zuppa di fagioli e grano

Ingredienti per 4 persone: 400 g di fagioli borlotti già lessati, ½ cipolla, ½ costa di sedano, 1 spicchio d'aglio, foglie di salvia, 1 rametto di rosmarino, 1 l di brodo di carne, 1 cucchiaino di concentrato di pomodoro, 200 g di chicchi di grano duro parboiled, olio extravergine, sale, pepe. Tempo: 40 minuti.

Trita la cipolla e il sedano e soffriggili con lo spicchio d'aglio tagliato a metà in 4 cucchiai d'olio, finché non saranno appassiti; trita finemente la salvia e il rosmarino, uniscili al soffritto e dopo 1 minuto aggiungi anche i fagioli, ben sgocciolati. Falli insaporire per 5 minuti, mescolando delicatamente, copri con il brodo caldo in cui avrai sciolto il concentrato di pomodoro. Aggiusta di sale e fai bollire per 20 minuti, poi elimina l'aglio, aggiungi il grano e continua la cottura per 10 minuti. Servi con un filo d'olio e una macinata di pepe.

Tortellini in salsa di porri

Ingredienti per 4 persone: 350 g di tortellini di carne o ricotta freschi, 300 g di porri, 30 g di burro, 2 cucchiaini di farina, 250 ml di panna fresca, parmigiano grattugiato, sale, pepe. Tempo: 25 minuti.

Insaporisci i porri tagliati a rondelle con il burro;

appena iniziano a prendere colore (non devono dorarsi) aggiungi il sale e poca acqua, copri e falli cuocere a fuoco medio-basso finché non diventano teneri (circa 10 minuti). Spolvera con la farina, mescola e versa la panna. Fai addensare ancora qualche minuto sul fuoco, poi frulla metà del composto e rimettilo in pentola con il resto. Lessa i tortellini, passali nel tegame con il condimento e servi spolverando con parmigiano e pepe.

Spaghettoni al pepe verde

Ingredienti per 4 persone: 320 g di spaghettoni, 2 cucchiai di pepe verde in salamoia, 6 cucchiai di Philadelphia, 6 cucchiai di latte, grana grattugiato, sale.
Tempo: 15 minuti.
Lessa gli spaghettoni in acqua salata e nel frattempo sciacqua e asciuga il pepe, schiaccialo con il dorso di un cucchiaio e mettilo nella terrina in cui condirai la pasta. Aggiungi il Philadelphia, il latte, 2 cucchiai di grana e diluisci con 1-2 mestolini d'acqua di cottura della pasta. Mescola bene con una forchetta: dovrai ottenere una crema semiliquida. Versa la pasta nella terrina con il condimento, conservando ancora un po' di acqua di cottura, e mescola rapidamente; unisci ancora un po' di liquido se il condimento si asciuga troppo e servi spolverando con altro grana grattugiato.

Risotto affumicato alla birra con verdure

Ingredienti per 4 persone: 360 g di riso Carnaroli, ½ cipolla rossa, 40 g di porro, 100 g di pisellini fini surgelati, 180 g di carote, 180 g di zucchine, 1,2 l di brodo vegetale, 1 bicchiere di birra rossa, parmigiano grattugiato, 80 g di speck affettato spesso, 120 g di scamorza affumicata, burro, olio extravergine, sale, pepe.
Tempo: 45 minuti.

Affetta finemente la cipolla e il porro e soffriggili per 2 minuti con 2 cucchiai d'olio e una noce di burro; aggiungi i piselli e le verdure tagliate a dadini piccoli e, quando iniziano a sfrigolare, sala e bagna con un mestolino di brodo. Metti il coperchio, cuoci a fuoco basso per circa 10 minuti poi alza la fiamma e fai evaporare l'eventuale liquido in eccesso. Unisci 2 cucchiai d'olio e il riso, mescola e fai insaporire per 1 minuto; sfuma con la birra e falla evaporare, sempre mescolando. Bagna con il brodo bollente, aggiungendolo man mano che viene assorbito, finché il riso non sarà cotto al dente. Aggiungi una noce di burro, 3 cucchiai di parmigiano, lo speck e la scamorza entrambi a dadini, metti il coperchio e fai riposare per un paio di minuti, in modo che il formaggio si sciolga. Servi subito, con un'abbondante macinata di pepe.

Timballo di pasta, zucchine e fiori di zucca

Ingredienti per 4 persone: 300 g di sedani rigati, 650 g di zucchine, ½ cipolla bianca, 12 fiori di zucca, basilico, 80 g di parmigiano grattugiato, 150 g di provola affumicata, 200 ml di besciamella già pronta, burro, olio extravergine, sale, pepe. Tempo: 45 minuti.

Trita la cipolla, mettila ad appassire con 3 cucchiai d'olio, unisci le zucchine a rondelle e cuoci per circa 10 minuti (devono restare al dente). Priva i fiori di zucca del pistillo, lasciane da parte 6 e dividi gli altri in 4 falde. Aggiungili alle zucchine, insaporisci con sale e cuoci ancora per 2-3 minuti. A fine cottura profuma con un grossa manciata di basilico spezzettato e una macinata di pepe. Lessa intanto la pasta al dente e condiscila nella padella in cui hai cotto le zucchine con una noce di burro e circa metà del parmigiano (lasciane da parte 3 cucchiai). Imburra una pirofila, versa metà della pasta, fai uno strato con la provola tagliata a fette e versa il resto della pasta. Copri tutto con la besciamella, i restanti fiori di zucca aperti a libro e spolvera con il parmigiano rimasto. Metti a gratinare in forno preriscaldato a 200° per circa 20 minuti fino a ottenere una crosticina dorata.

Una brava cuoca deve saper sempre variare il proprio menu! Ecco allora l'idea per una minestra sana e gustosa, ottima da proporre ai bambini ma gradita anche ai più grandi.

1° LE TOP DI CASA CLERICI

NEW

Vellutata di piselli con... polpettine di ricotta!

Tempo di preparazione: 30 minuti Numero di persone: 4 Ingredienti e quantità: 600 g di piselli surgelati, 1 porro, 10 g di farina, 1 l di brodo vegetale, 100 g di parmigiano grattugiato, 120 g di ricotta, 20 g di burro, sale.

Realizzazione: Taglia a fettine la parte bianca del porro. Sciogli il burro in una casseruola, unisci il porro e lascialo stufare dolcemente per 5-6 minuti. Aggiungi i piselli ancora surgelati e mescolali fino a completo scongelamento. Cospargili con la farina, mescola ancora, versa il brodo bollente e cuoci per 20 minuti. Intanto lavora la ricotta con il parmigiano e con le mani inumidite forma con questo composto delle polpettine della dimensione di piccole noci. Leva la casseruola dal fuoco, frulla con il mixer a immersione fino a ottenere una crema omogenea, regola di sale e servi la vellutata disponendo in ogni piatto qualche polpettina di ricotta.

Secondi

Frittata di carciofi e mortadella

Ingredienti per 4 persone: 5 uova, 5 carciofi, 150 g di mortadella affettata spessa, 80 g di parmigiano grattugiato, olio extravergine, sale, pepe. Tempo: 35 minuti.
Taglia i carciofi a spicchi non troppo sottili; scalda 3 cucchiai di olio in una padella antiaderente e cuoci i carciofi a fuoco medio-alto, con il coperchio, mescolandoli spesso. Dovranno essere cotti al dente (circa 10 minuti). A fine cottura aggiungi sale e pepe. A parte sbatti le uova con il parmigiano, sale e pepe; unisci i carciofi, la mortadella a dadini e mescola. Scalda altri 4 cucchiai d'olio nella padella e, quando è ben caldo, versa il composto di uova. Cuoci a fuoco medio, con il coperchio, per 10 minuti; quando vedrai che i bordi iniziano a dorarsi e la superficie della frittata è rappresa falla scivolare sul coperchio della padella e rimettila dentro capovolta. Prosegui per altri 5-6 minuti a fuoco vivace, punzecchiando qua e là per controllare che non fuoriesca uovo crudo dall'interno; la frittata sarà pronta quando risulterà ben soda. Servila calda. In alternativa alla mortadella puoi utilizzare pari quantità di pancetta: tritala grossolanamente a coltello e cuocila in padella insieme ai carciofi, in modo che si rosoli leggermente.

Arrosto di maiale saporito

Ingredienti per 4 persone: 800 g di carne di maiale per arrosto, 4 filetti di acciuga sott'olio, 1 spicchio d'aglio, 2 cucchiai di giardiniera sott'aceto, 2 cucchiai di capperi sotto sale, 20 g di lardo alle erbe o grasso di prosciutto, ½ bicchiere di vino bianco, ½ bicchiere di Marsala secco, brodo di carne, 4 cucchiai di olio extravergine, sale, pepe. Tempo: 1 ora e 50 minuti + 30 minuti di riposo.

Trita finemente le acciughe con mezzo spicchio d'aglio, i sottaceti scolati e asciugati, i capperi scrollati dal sale ma non risciacquati e il lardo. Spalma con questo composto tutta la superficie dell'arrosto, dopo averlo legato con l'apposito spago, massaggiandolo bene per far penetrare il condimento. Scalda l'olio e rosola la carne su tutti i lati, sfuma con il vino e il Marsala e, quando saranno evaporati, unisci una presa di sale e un bicchiere di brodo caldo. Fai cuocere a fuoco basso per 1 ora e mezza coperto, aggiungendo altro brodo bollente se necessario. A fine cottura aggiusta la salsa di sale e pepe. Avvolgi l'arrosto, ben sgocciolato, in un foglio di alluminio per almeno mezz'ora prima di servirlo, affettato, coperto con la salsa.

Orata al forno con carciofi e patate

Ingredienti per 4 persone: 4 orate di 250 g l'una già pulite, 800 g di patate, aglio in polvere, 3 carciofi, ½ bicchiere di vino bianco, origano secco, olio extravergine, sale, pepe. Tempo: 40 minuti.

Sbuccia le patate, tagliale a fettine sottili (circa 2 mm) usando una mandolina; ungi una teglia da forno e fai uno strato con la metà delle fettine di patata. Condisci con olio, sale, pepe e un pizzico di aglio in polvere. Adagia sopra le orate, salate in superficie e nella cavità dell'addome, copri con il resto delle patate e i carciofi affettati molto sottilmente. Versa il vino nella teglia, cospargi con sale, pepe, un pizzico di origano e un giro d'olio. Copri con un foglio di alluminio, fai qualche buchetto con la punta di un coltello per far uscire il vapore e cuoci in forno preriscaldato a 200° per 25 minuti.

Hamburger al formaggio

Ingredienti per 4 persone: 4 hamburger, 4 cucchiai di Philadelphia, 5 cucchiai di latte, 1 cucchiaio di passata di pomodoro, 4 cucchiai di parmigiano grattugiato, 3 cucchiai di olio extravergine, sale, pepe. Tempo: 10 minuti. Scalda l'olio in una padella antiaderente e cuoci gli hamburger per 2 minuti; voltali con una paletta e prosegui ancora per 2 minuti. Mescola il Philadelphia con il latte, il pomodoro, sale e pepe, ottenendo una cremina. Versala in padella e cuoci per 1 minuto, voltando gli hamburger a metà cottura. Spolvera con il parmigiano grattugiato e servi subito.

Merluzzo al pomodoro e arancia

Ingredienti per 4 persone: 600 g di filetti di merluzzo, ½ cipolla, 120 g di olive verdi snocciolate, 1 arancia non trattata, 350 g di polpa di pomodoro in scatola, 1 ciuffo di finocchietto selvatico (o barbine di finocchio), 2 cucchiai di olio extravergine, sale, pepe. Tempo: 30 minuti. Scalda l'olio e soffriggi la cipolla affettata sottile finché non sarà appassita; aggiungi le olive tagliate a metà, la scorza grattugiata dell'arancia e 2 cucchiai di succo, il pomodoro, sale e pepe. Copri e fai bollire per 10 minuti. Taglia il pesce a bocconcini di 5 cm, aggiungili nella padella e con un cucchiaio ricoprili con il sugo. Cuoci per 10 minuti, con il coperchio. Spolvera con il finocchietto tritato e servi.

Arrosto di vitello alle nocciole

Ingredienti per 4 persone: 1 kg di carne di vitello per arrosto, 100 g di pancetta affettata sottile, 1 rametto di rosmarino, 1 spicchio d'aglio, ½ bicchiere di Marsala secco, brodo di carne, 100 g di nocciole tostate, 1 noce di burro, 1 cucchiaio di farina, 5 cucchiai di olio extravergine, sale. Tempo: 1 ora e 10 minuti.

Sala l'arrosto in superficie, massaggiando per far penetrare il condimento, poi avvolgi la carne con le fette di pancetta, poggia il rametto di rosmarino per il lungo e lega tutto insieme. Fai rosolare l'arrosto con l'olio e lo spicchio d'aglio non sbucciato; quando sarà ben colorito sfuma con il Marsala e versa un mestolo di brodo caldo. Continua la cottura a fuoco bassissimo, con il coperchio, per 1 ora, aggiungendo altro brodo caldo via via che il liquido evapora. Quando l'arrosto sarà pronto scolalo e tienilo in caldo; elimina l'aglio dal fondo di cottura, aggiungi metà delle nocciole intere, il burro e la farina e frulla con un frullatore a immersione. Riporta la salsa sul fuoco per qualche minuto per farla addensare. Affetta l'arrosto eliminando la pancetta e il rosmarino e servilo irrorandolo con la salsa alle nocciole e le rimanenti nocciole tritate grossolanamente, accompagnato con spinaci al burro.

Cotolette di vitello in carpione aromatico

Ingredienti per 4 persone: 500 g di fettine di fesa di vitello tagliate sottili, 2 uova, 200 g di pangrattato, 1 cipolla bianca, 1 costa di sedano, 1 scalogno, 100 ml di aceto di vino bianco, 50 ml di vino bianco, pepe in grani, zucchero, 2 foglie di salvia, 1 foglia di alloro, 1 rametto di rosmarino, olio di arachide, 2 cucchiai di olio extravergine, sale. Tempo: 45 minuti + 12 ore di riposo.

Elimina la pellicina intorno alle fettine e pratica dei taglietti lungo il margine per non farle arricciare in cottura. Passale nelle uova sbattute e poi nel pangrattato, premendo su entrambi i lati per farlo aderire. Friggi le cotolette nell'olio di arachide ben caldo (deve essere profondo circa 1 cm), falle dorare e girale a metà cottura. Ponile su carta assorbente da cucina per eliminare l'unto in eccesso e sala leggermente. Una volta fredde sistemale in un largo piatto. Scalda l'olio d'oliva, unisci la cipolla, il sedano e lo scalogno affettati sottilmente e cuoci a fuoco dolce per 2 minuti: non devono prendere colore. Aggiungi l'aceto, il vino, qualche grano di pepe, un pizzico di zucchero, uno di sale e le erbe aromatiche legate insieme con spago da cucina. Fai bollire per 10 minuti e versa il liquido bollente sulle cotolette. Metti a riposare in frigorifero per 12 ore in modo che si insaporiscano e servile sgocciolate dalla marinata.

Spezzatino di vitello in salsa ricca

Ingredienti per 4 persone: 800 g di polpa di vitello per spezzatino, 2 carote, 1 costa di sedano, 1 scalogno, farina, 1 bicchiere di vino bianco, brodo di carne, 200 ml di panna fresca, 1 cucchiaino di senape, prezzemolo, 1 noce di burro, 3 cucchiai di olio extravergine, sale, pepe.
Tempo: 1 ora e 40 minuti.

Trita le verdure e soffriggile con il burro e l'olio. Quando saranno appassite unisci la carne tagliata a cubetti e leggermente infarinata, falla rosolare per 1-2 minuti, sfuma con il vino, fai evaporare e versa brodo caldo fino a coprirla. Insaporisci con una presa di sale e cuoci a fuoco basso, con il coperchio, per 45 minuti. Trascorso questo tempo aggiungi la panna, la senape, il prezzemolo tritato e continua la cottura ancora per 30 minuti; se occorre addensare il fondo di cottura togli la carne, fai bollire senza coperchio, a fuoco alto, per 5 minuti e poi unisci nuovamente la carne. Profuma con una macinata di pepe e servi ben caldo.

Nel mio primo libro questo piatto prevedeva i lamponi. Ma se non riuscite a reperirli, come stupire gli invitati senza rinunciare a un piatto fatto con pochi ingredienti e dalla preparazione assai semplice? Facile, sostituendoli con le prugne, che bene si accompagnano con il sapore dolce agro dell'aceto balsamico.

1° LE TOP DI CASA CLERICI

NEW

Filetto di maialino con balsamico... e prugne!

Tempo di preparazione: 10 minuti Numero di persone: 4 Ingredienti e quantità: 600 g di filetto di maialino a fette spesse, 500 g di prugne, aceto balsamico, 1 bicchiere di vino bianco, insalatina primaverile o misticanza, farina, burro, sale.

Realizzazione: Infarina i filetti e falli rosolare nel burro, bagnali con il vino e lascia evaporare, sala e unisci le prugne affettate sottili e non sbucciate. Appena iniziano a disfarsi, aggiungi un filo di aceto balsamico. Preleva le fette di filetto, disponile sul piatto di portata guarnito con l'insalatina, fai restringere il sughetto di cottura e versalo sulla carne.

Hamburger senape e limone

Ingredienti per 4 persone: 500 g di carne di manzo tritata, 1 cipollotto, 2 cucchiai di succo di limone, 2 cucchiaini di senape, olio extravergine, sale, pepe. Tempo: 15 minuti.
Trita il cipollotto e mescolalo alla carne insieme al succo di limone, alla senape, sale e pepe. Impasta bene, forma con il composto 4 polpette schiacciandole leggermente con la mano. Cuoci gli hamburger in una padella antiaderente ben calda con un filo d'olio, 2-3 minuti per lato. Servi con carotine baby arrostite in padella con olio e burro.

Involtini di platessa con gamberi e funghi

Ingredienti per 4 persone: 8 filetti di platessa, 16 gamberi, farina, 300 g di funghi champignon, 4 cucchiai di Cognac, burro, olio extravergine, sale, pepe. Tempo: 40 minuti.
Dividi i filetti di platessa per il lungo, ottenendo da ognuno 2 strisce. Cospargile di sale e pepe e disponi su ognuna un gambero sgusciato. Arrotola a involtino e ferma il lembo con uno stecchino. Scalda una noce di burro con 3 cucchiai d'olio, unisci gli involtini leggermente infarinati e falli rosolare brevemente (1 o 2 minuti), muovendoli con attenzione per non romperli. Trasferisci

in un piatto e tieni in caldo. Nel fondo di cottura aggiungi i funghi a lamelle, fai insaporire un paio di minuti, mescolando, poi sfuma con il Cognac. Aggiungi sale e pepe e fai cuocere senza coperchio per 10 minuti; rimetti gli involtini nel tegame poggiandoli sopra i funghi e continua la cottura, con il coperchio, per altri 15 minuti. Servi caldo. Puoi accompagnare questa preparazione con un risotto al limone o allo zafferano.

Arrosto di tacchino ai porri

Ingredienti per 4 persone: 800 g di fesa di tacchino, 3 porri, 1 foglia di alloro, brodo vegetale, 1 cucchiaio di salsa di soia, 4 cucchiai di olio extravergine, sale, pepe.
Tempo: 1 ora e 15 minuti.
Lega la carne e falla rosolare bene con l'olio, finché non sarà dorata su tutti i lati. Aggiungi i porri tagliati a rondelle e fai insaporire qualche minuto nel fondo di cottura, unisci l'alloro, un bicchiere di brodo, sale e pepe. Metti il coperchio e fai cuocere a fuoco basso per 1 ora, aggiungendo altro brodo, se necessario, durante la cottura. A fine cottura scola la carne dal sugo e tienila in caldo, aggiungi ai porri, ormai disfatti, la salsa di soia, elimina la foglia d'alloro e frulla con il mixer a immersione. Servi l'arrosto a fette spesse con la salsa ai porri.

Scaloppine in crema di mandorle

Ingredienti per 4 persone: 500 g di scaloppine di vitello, farina 00, 1 scalogno, ½ carota, 1 spicchio d'aglio, 1 rametto di rosmarino, ½ bicchiere di Marsala secco, 100 g di farina di mandorle, brodo di carne, 80 ml di panna fresca, 1 noce di burro, 3 cucchiai di olio extravergine, sale, pepe. Tempo: 30 minuti.

Scalda in padella il burro con l'olio, aggiungi le scaloppine infarinate e fai rosolare velocemente, a fiamma vivace, su entrambi i lati. Toglile dalla padella e tieni in caldo. Nel fondo di cottura fai appassire lo scalogno e la carota finemente tritati, l'aglio intero e il rametto di rosmarino, sfuma con il Marsala e, quando sarà evaporato, aggiungi la farina di mandorle, un mestolino di brodo, la panna, sale e pepe. Fai bollire a fuoco medio per 10 minuti, elimina l'aglio e il rosmarino e rimetti in padella la carne; falla insaporire 5 minuti insieme al condimento, regola di sale e servi ben calda. Per una variante sostituisci la carne di vitello con fettine di pollo o tacchino. Servi con un contorno di zucca tagliata a dadini e lessata per 6-7 minuti insieme alla stessa quantità di piselli. Una volta cotti al dente, ripassali in padella per pochi minuti con una noce di burro in cui avrai fatto appassire un pezzetto di porro a rondelle.

Pesce spada al pecorino con pomodorini

Ingredienti per 4 persone: 4 fette di pesce spada spesse 1 cm (circa 700 g in totale), 6 fette di pancarrè, 2 spicchi d'aglio, 40 g di pecorino grattugiato, 1 cucchiaio di pangrattato, origano secco, 500 g di pomodorini ciliegia, prezzemolo, basilico, olio extravergine, sale. Tempo: 30 minuti.

Frulla il pancarrè con mezzo spicchio d'aglio, il pecorino, il pangrattato, un pizzico di origano e uno di sale. Passa le fette di pesce spada nel composto preparato, premendo bene per farlo aderire, disponile in una pirofila rivestita di carta da forno e unta con poco olio, quindi distribuisci sopra il composto di briciole avanzato. Irrora con un filo d'olio e cuoci in forno preriscaldato a 200° per 15 minuti, accendendo il grill nell'ultimo minuto di cottura. Nel frattempo taglia i pomodorini in 4 e saltali in una padella dove avrai scaldato abbondante olio con l'altro spicchio d'aglio tagliato a metà; tieni il fuoco molto alto e muovili spesso: nel giro di pochi minuti saranno appassiti e avranno rilasciato un po' di sughetto. Toglili dal fuoco, elimina l'aglio e condiscili con sale, prezzemolo e basilico tritati. Servi il pesce nei piatti con accanto i pomodorini.

Ecco un'idea per ravvivare il "solito" petto di pollo. Curry, ananas fresco, latte di cocco... e il gioco è fatto! Sapori nuovi e stuzzicanti per variare, ogni tanto, i piatti forti del menu casalingo.

1° LE TOP DI CASA CLERICI

Petto di pollo esotico con... ananas e cocco!

NEW

Tempo di preparazione: 20 minuti Numero di persone: 4 Ingredienti e quantità: 600 g di petto di pollo o tacchino tagliato a fettine, farina, ½ cucchiaio di curry, 4 fette di ananas fresco, 1 bicchiere di latte di cocco, olio di semi, sale.

Realizzazione: Scalda 4 cucchiai d'olio in una padella antiaderente e fai rosolare, su entrambi i lati, le fettine di pollo infarinate. Quando saranno colorite unisci il curry, l'ananas tagliato a pezzetti e il sale; fai insaporire tutto insieme per 1 minuto a fuoco medio, muovendo la padella per non far attaccare il contenuto. Versa il latte di cocco, metti il coperchio e prosegui la cottura a fuoco medio-basso per 10 minuti, finché la carne non risulterà cotta e la salsina addensata. Servi il pollo coperto con la salsa accompagnando con del riso Basmati lessato, condito con un po' d'olio e guarnito con mandorle sminuzzate e uvetta ammollata e poi strizzata.

Nasello al forno in crosta di patate

Ingredienti per 4 persone: 600 g di filetti di nasello, 750 g di patate, 4 cucchiai di parmigiano grattugiato, 4 cucchiai di latte, noce moscata, 100 g di pisellini fini surgelati, 200 ml di panna fresca, 10 steli di erba cipollina, burro, sale, pepe. Tempo: 40 minuti.

Sbuccia e taglia le patate a tocchi, lessale in acqua salata e passale allo schiacciapatate. Condisci con una noce di burro, il parmigiano, il latte, sale, pepe e una grattugiata di noce moscata. Lessa insieme i filetti di nasello e i pisellini per 5 minuti, scola e rimetti nel tegame aggiungendo anche la panna, l'erba cipollina tagliuzzata, sale e pepe. Cuoci a fuoco basso per 5 minuti, trasferisci il tutto in una pirofila da forno e ricopri con la purea di patate, distribuendola uniformemente. Infiocchetta con un altro po' di burro e passa in forno preriscaldato a 200° per 15 minuti, finché non si sarà formata una crosticina dorata in superficie.

Merluzzo in crema di olive

Ingredienti per 4 persone: 600 g di filetti di merluzzo, 3 cucchiai di pâté di olive nere, 200 ml di panna fresca, 3 cucchiai di olio extravergine, sale, pepe. Tempo: 15 minuti.

Scalda l'olio in una padella antiaderente e adagia i filetti di merluzzo. Dopo 3 minuti voltali usando una paletta, facendo attenzione a non romperli. Fai cuocere ancora 5 minuti, poi aggiungi il sale e una macinata di pepe. Mescola la panna con il pâté di olive e versa la crema ottenuta nella padella. Metti il coperchio e cuoci, a fuoco basso, per altri 5 minuti. Servi ben caldi.

Uova strapazzate alla mozzarella

Ingredienti per 4 persone: 6 uova, ½ cipollotto, 60 ml di panna fresca, 2 cucchiai di grana grattugiato, 150 g di mozzarella, 25 g di burro, olio extravergine, sale, pepe. Tempo: 15 minuti.

Soffriggi il cipollotto affettato con 4 cucchiai d'olio, finché non sarà appassito; insaporisci di sale a fine cottura. A parte batti le uova con sale, pepe, la panna e il grana, unisci la mozzarella stracciata con le mani e il cipollotto cotto; mescola bene. Scalda il burro con 2 cucchiai d'olio e, quando sarà ben caldo, versaci il composto di uova. Cuoci a fuoco medio, mescolando con un cucchiaio di legno, finché non vedrai che la mozzarella inizia a filare. Servi subito. Per una presentazione a effetto taglia la calotta superiore di 4 panini al latte, scava l'interno, spennellali con burro fuso, tostali sotto il grill del forno e riempili con le uova ben calde.

Polpettone al riso e pomodoro

Ingredienti per 4 persone: 450 g di carne di manzo tritata, 130 g di riso già cotto, 1 cipollotto, 3 cucchiai di ketchup, 100 ml di besciamella già pronta, pangrattato, 200 g di passata di pomodoro, ¼ di cipolla, basilico, olio extravergine, sale, pepe. Tempo: 50 minuti.

Metti in una terrina la carne, il riso, il cipollotto tritato, il ketchup, la besciamella, sale e pepe. Amalgama tutti gli ingredienti in modo da ottenere un composto omogeneo e sistemalo in uno stampo da plum-cake di circa 22x10 cm, che avrai unto con olio e cosparso di pangrattato. Compatta il composto in modo che non restino spazi vuoti, ungi la superficie con un po' d'olio e cuoci in forno preriscaldato a 180° per 40 minuti. Nel frattempo prepara una salsa con la passata di pomodoro, il pezzo di cipolla intero, qualche foglia di basilico spezzettato e 4 cucchiai d'olio: metti tutto insieme in un pentolino e fai bollire per 10 minuti a fuoco basso. Servi il polpettone con la salsa di pomodoro privata della cipolla. Questo piatto si accompagna benissimo anche con ketchup, al posto della salsa di pomodoro, e patatine fritte; puoi anche servirlo freddo come aperitivo, a cubetti, alternati su uno spiedino con delle olive.

Calamari alla puttanesca

Ingredienti per 4 persone: 700 g di anelli di calamaro surgelati già scongelati, 1 spicchio d'aglio, peperoncino (facoltativo), prezzemolo, 4 filetti di acciuga sott'olio, ½ bicchiere di vino bianco, 350 g di passata di pomodoro, 40 g di olive taggiasche snocciolate, 1 cucchiaio di capperi sotto sale, olio extravergine, sale. Tempo: 35 minuti.
Soffriggi in 4 cucchiai d'olio lo spicchio d'aglio tagliato a metà con un pezzetto di peperoncino e un po' di prezzemolo tritato. Appena inizia a sfrigolare aggiungi le acciughe e falle sciogliere a fuoco basso. Unisci i calamari scongelati e lascia insaporire per qualche minuto; sfuma con il vino e aggiungi la passata di pomodoro, le olive tagliate a metà e i capperi dissalati. Sala leggermente e cuoci a fuoco medio per 15 minuti. Controlla la cottura e spegni il fuoco appena i calamari saranno teneri (se cuociono troppo diventano gommosi). Elimina l'aglio e servi caldo o tiepido. Questa preparazione può diventare un perfetto condimento per la pasta: quando i calamari saranno cotti tagliali a pezzi abbastanza piccoli; nel frattempo lessa la pasta al dente, diluisci il sugo con un po' dell'acqua di cottura e ripassa pasta e condimento insieme nella padella, a fuoco vivace.

Coniglio in agrodolce alla siciliana

Ingredienti per 4 persone: 1 coniglio a pezzi (1,2 kg in totale), aceto di vino bianco, 1 costa di sedano, 1 cipolla bianca, 500 g di passata di pomodoro, 1 cucchiaino di concentrato di pomodoro, 120 g di olive verdi snocciolate, 2 cucchiaini di zucchero, 2 cucchiai di uvetta, 2 cucchiai di pinoli, 1 cucchiaio di capperi sotto sale, 1 cucchiaio di sottaceti misti, 1 foglia di alloro, origano secco, olio extravergine, sale. Tempo: 60 minuti.

Lava il coniglio in abbondante acqua con mezzo bicchiere d'aceto. Soffriggi con 6 cucchiai d'olio il sedano e la cipolla affettati finemente; quando saranno appassiti aggiungi il coniglio sgocciolato e asciugato e fallo rosolare, mescolando spesso perché le verdure non si brucino. Quando la carne risulterà ben dorata aggiungi il sale, la passata di pomodoro, 100 ml di aceto e tutti gli altri ingredienti. Prima di unirli alla preparazione, trita i sottaceti e sciacqua i capperi. Prosegui la cottura a fuoco medio, con il coperchio, per 40 minuti, aggiungendo acqua bollente se il liquido si asciugasse troppo. A fine cottura unisci ancora un cucchiaio di aceto, mescola e servi.

Frittata di finocchi

Ingredienti per 4 persone: 5 uova, 1 scalogno, 400 g di finocchi, 3 cucchiai di parmigiano grattugiato, 1 cucchiaio di pecorino grattugiato, ½ cucchiaino di semi di finocchio, olio extravergine, sale, pepe. Tempo: 35 minuti.

Affetta sottilmente lo scalogno e fallo appassire in una padella antiaderente con 3 cucchiai d'olio, unisci i finocchi tagliati a fette sottili e fai cuocere per 10 minuti. A fine cottura, quando i finocchi si saranno ben ammorbiditi, aggiungi il sale e il pepe. A parte sbatti le uova con i formaggi, unisci i semi di finocchio leggermente pestati nel mortaio (in alternativa tritali sul tagliere con il coltello) e i finocchi cotti. Scalda di nuovo la padella con altri 3 cucchiai d'olio e, quando sarà ben caldo, versa il composto preparato. Cuoci a fuoco medio, con il coperchio, per 10 minuti; quando vedrai che i bordi iniziano a dorarsi e la superficie della frittata è rappresa falla scivolare su un piatto e rimettila in padella capovolta. Cuoci 5 minuti a fiamma vivace, punzecchiando la frittata con una forchetta per controllare che non fuoriesca uovo crudo dall'interno: sarà pronta quando risulterà ben soda. Servila calda ma non bollente.

1°

Il vitello tonnato è uno dei miei grandi cavalli di battaglia. Un piatto della memoria che mi riporta ai giorni dell'infanzia. In questa ricetta vi suggerisco una versione "light", ovvero di sostituire il vitello con il tacchino. In men che non si dica potrete preparare un piatto bello anche solo da guardare, capace di farvi fare una splendida figura con gli amici invitati a cena.

LE TOP DI CASA CLERICI

NEW

Tacchino... tonnato!

Tempo di preparazione: 1 ora + il tempo di raffreddamento **Numero di persone:** 4 **Ingredienti e quantità:** 600 g di fesa di tacchino, 1 cipolla, 1 costa di sedano, 2 carote, 160 g di tonno sott'olio, 100 g di maionese, sale.

Realizzazione: Versa abbondante acqua in una casseruola e unisci la cipolla sbucciata, la costa di sedano lavata e le carote pelate. Porta a ebollizione, unisci una presa di sale e il tacchino (legato con spago da cucina così che mantenga la forma in cottura) e fai cuocere per circa 45 minuti. Leva la carne dal brodo di cottura e tieni da parte le carote. Lascia raffreddare la carne, poi mettila in frigorifero. Frulla il tonno sgocciolato con la maionese e unisci le carote lessate. Frulla ancora brevemente, in modo da ottenere una crema non troppo omogenea. Taglia la carne a fettine sottilissime, disponile in un piatto, coprile con la salsa tonnata e servile con un'insalatina mista mescolata con carote a julienne.

Fagottini di verza e baccalà al pomodoro

Ingredienti per 4 persone: 400 g di filetto di baccalà ammollato, 4 foglie di verza di media grandezza, 100 g di olive taggiasche snocciolate, 2 cucchiai di capperi sotto sale, 8 pomodorini ciliegia, 1 spicchio d'aglio, 300 g di passata di pomodoro, origano secco, olio extravergine, sale. Tempo: 45 minuti.

Lessa per 2 minuti le foglie di verza in acqua salata, sgocciola ed elimina la parte grossa della costola centrale praticando 2 tagli ai lati. Trita grossolanamente al coltello le olive e i capperi dissalati, mettili in una terrina con un filo d'olio e i pomodorini a spicchietti. Mescola bene. Taglia il baccalà in 4 trancetti e prepara i fagottini: stendi le foglie di verza sul piano di lavoro, su ognuna di esse disponi un po' del composto, un trancetto di baccalà e un altro po' di composto. Ripiega le parti laterali sul ripieno e arrotola a involtino. Prepara una salsa soffriggendo lo spicchio d'aglio con 4 cucchiai d'olio e unendo la passata di pomodoro, un pizzico di origano e uno di sale. Quando raggiungerà il bollore diluisci con un mestolino d'acqua e accomoda i fagottini di verza con la chiusura verso il basso. Copri, abbassa la fiamma al minimo e cuoci per 20 minuti. Servi ben caldo.

Omelette alla ricotta con pomodoro

Ingredienti per 4 persone: 4 uova, 150 g di polpa di pomodoro in scatola, 1 spicchio d'aglio, basilico, 150 g di ricotta, olio extravergine, sale, pepe. Tempo: 20 minuti.

Cuoci il pomodoro con 3 cucchiai d'olio, lo spicchio d'aglio e il basilico spezzettato, mettendo tutto insieme in un pentolino e facendo bollire a fuoco vivo per 6-7 minuti: dovrai ottenere un sugo ristretto. A fine cottura sala ed elimina l'aglio. Sbatti le uova con sale e pepe, unisci la ricotta a fiocchetti e mescola delicatamente. Scalda una padella antiaderente con 4 cucchiai d'olio e versa il composto. Cuoci per 2-3 minuti a fuoco medio-alto, poi inizia a scuotere la padella con gesti decisi per distribuire l'uovo e far staccare l'omelette dal fondo. Quando la superficie sarà rappresa ma non del tutto cotta, distribuisci il pomodoro su metà dell'omelette e, aiutandoti con una paletta, ripiega sopra l'altra metà, formando una mezzaluna. Cuoci ancora per 1 minuto, con il coperchio, e servi ben calda. In alternativa al pomodoro puoi farcire l'omelette con verdure lessate e ripassate in padella con olio o burro (spinaci, bietole, broccoletti ecc.) oppure con fette di prosciutto cotto.

Manzo in umido con sedano e pomodoro

Ingredienti per 6 persone: 1 kg di spezzatino di manzo, 80 g di pancetta, 1 cipolla, 1 spicchio d'aglio, 3 chiodi di garofano, 1 bicchiere di vino bianco, 800 g di passata di pomodoro, 4 coste di sedano, brodo di carne, 3 cucchiai di olio extravergine, sale, pepe. Tempo: 3 ore e 30 minuti.

Trita la pancetta e soffriggila con l'olio in una padella antiaderente; quando inizia a prendere colore unisci la carne e falla rosolare, mescolando, per qualche minuto. Togli la carne dal tegame e tieni in caldo; nel fondo di cottura fai appassire la cipolla tritata con l'aglio intero, i chiodi di garofano, sale e pepe. Quando sarà morbida sfuma con il vino e, una volta evaporato, rimetti dentro la carne, il pomodoro, il sedano tagliato a pezzetti di 2 cm e 2 mestoli di brodo caldo. Metti il coperchio e cuoci a fuoco molto basso per circa 3 ore, finché la carne non sarà diventata tenera, aggiungendo sempre brodo caldo via via che il liquido si restringe. Quando la carne sarà cotta a dovere alza la fiamma per far addensare il sugo e servi bollente. Puoi anche usare questo sugo per condire un piatto di pasta e servire la carne come secondo.

Sarde imbottite

Ingredienti per 4 persone: 16 sarde aperte a libro, 1 cipolla bianca, 120 g di pangrattato più un po' per impanare, 50 g di provolone piccante, 4 albicocche secche, 2 cucchiai di pinoli, prezzemolo, 3 uova, farina, olio di arachide, 3 cucchiai di olio extravergine, sale, pepe.
Tempo: 40 minuti.
Trita la cipolla e soffriggila con l'olio d'oliva finché non sarà dorata. In una terrina amalgama la cipolla con il pangrattato, il provolone grattugiato con una grattugia a fori piccoli, le albicocche tagliate a dadini piccoli, i pinoli, un po' di prezzemolo tritato, sale e pepe. Lega tutto con un uovo. Stendi sul piano di lavoro 8 sarde, salale leggermente e spalmale con un po' di ripieno. Copri ciascuna con un'altra sarda e premi un po' i bordi per chiuderle bene. Infarina i "panini" così ottenuti, passali nelle restanti 2 uova, battute con un pizzico di sale, poi nel pangrattato, premendo bene per farlo aderire. Friggi le sarde imbottite in abbondante olio bollente, ponile su carta assorbente da cucina per eliminare l'unto in eccesso e servi subito. Se non trovi le albicocche secche puoi sostituirle con 2 cucchiai di uvetta. Al posto del prezzemolo puoi utilizzare origano o finocchietto selvatico, nel ripieno o mescolandoli al pangrattato della panatura.

Braciole di maiale al Mirto

Ingredienti per 4 persone: 4 braciole di maiale senza osso di 150 g l'una, 50 g di pancetta, 1 spicchio d'aglio, 1 foglia di alloro, 4 cucchiai di liquore Mirto, 4 cucchiai di olio extravergine, sale. Tempo: 25 minuti.

Scalda l'olio e rosola le braciole a fuoco vivo da entrambi i lati. Quando saranno dorate mettile in un piatto e tienile in caldo. Versa in padella la pancetta a dadini, l'aglio tagliato a metà e l'alloro e falli sfrigolare per un paio di minuti; aggiungi le braciole, salale, lasciale insaporire da tutti e due i lati e sfuma con il liquore. Quando sarà evaporato aggiungi un mestolino d'acqua e continua la cottura, con il coperchio e a fuoco medio, per circa 10 minuti. Elimina l'aglio e l'alloro e servile ben calde. Si abbinano molto bene con del purè di patate.

Filetto di maiale al finocchio

Ingredienti per 4 persone: 600 g circa di filetto di maiale, 3 cucchiaini di semi di finocchio, 6 grani di pepe nero, 1 cucchiaino di timo fresco o secco, 60 g di pancetta, 1 spicchio d'aglio, 3 finocchi, 1 bicchiere di brodo di carne, 5 cucchiai di olio extravergine, sale, pepe. Tempo: 35 minuti + il riposo.

Pesta con il batticarne i semi di finocchio e il pepe, mescolali con il timo e il sale. Lega il filetto e strofina la superficie con il composto. Scalda l'olio e rosola il filetto su tutti i lati, finché non sarà dorato. Aggiungi la pancetta a dadini e l'aglio e fai soffriggere nel fondo di cottura per qualche minuto, poi unisci anche i finocchi tagliati a fette di 1 cm. Sala leggermente, bagna con un mestolino di brodo caldo e cuoci a fuoco medio-basso, con il coperchio, per 20 minuti. Se occorre aggiungi altro brodo caldo. A fine cottura elimina l'aglio, fai riposare la carne, coperta, per 10 minuti e servi con i finocchi.

Salmone al vapore di verdure

Ingredienti per 4 persone: 4 filetti di salmone di 150 g l'uno, 2 porri, 3 carote, 2 zucchine piccole, 4 cucchiai di vino bianco, 3 cucchiai d'olio extravergine, sale, pepe. Tempo: 40 minuti.

Taglia a julienne i porri e le carote, le zucchine a rondelle non troppo sottili. Scalda l'olio e aggiungi le verdure. Cuoci a fuoco medio finché le carote non saranno cotte ma ancora ben sode (circa 15 minuti). Aggiungi il sale, il pepe e il vino, quindi poggia sopra le verdure i filetti di salmone con la pelle rivolta verso il basso; metti il coperchio e cuoci ancora per 15 minuti. Servi ben caldo.

Ogni volta che Antonella assaggia i nostri bocconcini al Cognac le viene voglia di mettersi a cantare. Perché, come dice lei, "sono da urlo!".

Giulio e Maria

SPECIAL GUEST: GIULIO E MARIA

Bocconcini di filetto al Cognac

Tempo di preparazione: 25 minuti Numero di persone: 6

Ingredienti e quantità: 1 kg di bocconcini di filetto di manzo, ½ bicchiere di Cognac, farina, 200 ml di panna da cucina, 2 bustine di caramello, olio extravergine, margarina, sale, pepe.

Realizzazione: Infarina i bocconcini di carne. Scalda una padella con un cucchiaio d'olio e un cucchiaio di margarina e fai rosolare la carne; dopo 1 minuto sfuma con il Cognac e prosegui la cottura per 10-12 minuti. Aggiungi la panna e il caramello. Cuoci ancora per 1 minuto, aggiusta di sale e pepe, amalgama bene e togli dal fuoco. Servi caldo accompagnando con purè di patate o tortino di spinaci.

Uova sode al gratin

Ingredienti per 4 persone: 6 uova, 1 scalogno, 350 g di funghi misti surgelati, 300 g di pisellini fini surgelati, 1 cucchiaio di farina, 150 ml di latte, 4 cucchiai di grana grattugiato, noce moscata, pangrattato, burro, olio extravergine, sale, pepe. Tempo: 35 minuti.

Metti a rassodare le uova (parti da acqua fredda e calcola 8 minuti dall'inizio del bollore). Intanto soffriggi lo scalogno tritato con 2 cucchiai d'olio e, quando sarà appassito, unisci i funghi affettati, i piselli e il sale. Fai cuocere a fuoco medio, con il coperchio, per circa 15 minuti o fino a quando non saranno teneri. Aggiungi una noce di burro, mescolando per farlo sciogliere, spolvera con la farina e amalgamala per bene agli altri ingredienti. Versa il latte caldo e fai addensare per pochi minuti su fuoco medio. Aggiungi 2 cucchiai di grana, una grattugiata di noce moscata e una macinata di pepe. Versa il composto di piselli e funghi in una pirofila unta e cosparsa di pangrattato, disponi sopra le uova sode tagliate a metà, con il taglio verso l'alto; premile leggermente per "incassarle" nelle verdure, cospargi il tutto con qualche fiocchetto di burro e il grana rimasto. Passa in forno preriscaldato a 220° per 10-12 minuti, fino a quando la superficie non sarà dorata. Servi caldo. Puoi accompagnare con fette di pancarrè tostato o pezzetti di focaccia; in questo modo diventerà un sostanzioso piatto unico.

Platessa con salsa al burro ed erba cipollina

Ingredienti per 4 persone: 4 filetti di platessa di circa 100 g l'uno, 2 uova, 200 g di pangrattato, olio di arachide, sale, pepe. Per la salsa: 250 ml di vino bianco, ½ scalogno, 1 cucchiaio di succo di limone, 1 noce di burro, 2 cucchiai di mascarpone, 12 steli di erba cipollina, sale, pepe. Tempo: 30 minuti.

Metti in una padella il vino, unisci lo scalogno affettato sottile e lascia bollire per 5-6 minuti a fuoco vivo per far restringere il liquido della metà. Togli dal fuoco, aggiungi il limone, il burro freddo, il mascarpone, l'erba cipollina tagliuzzata finemente, un pizzico di sale e una macinata di pepe. Sbatti bene (possibilmente con una frusta) per amalgamare tutti gli ingredienti e tieni da parte. Cospargi i filetti di platessa con sale e pepe, passali nell'uovo sbattuto e poi nel pangrattato, premendo per farlo aderire bene. Scalda abbondante olio in una padella e friggili su entrambi i lati finché non saranno dorati. Scola su carta da cucina per eliminare l'olio in eccesso e servili accompagnati con la salsa preparata.

Mozzarella in carrozza a modo mio

Ingredienti per 4 persone: 8 fette di pane casereccio raffermo (non troppo spesse), latte, 200 g di mozzarella, 8 filetti di acciuga sott'olio, 3 cucchiaini di pâté di olive nere, farina, 3 uova, olio di arachide, sale.
Tempo: 30 minuti.

Elimina la crosta dalle fette di pane, mettile una sull'altra due a due e taglia a metà: otterrai 8 piccoli "panini". Bagna ogni fetta nel latte e ricomponi i panini, inserendo in ognuno una fettina di mozzarella, un filetto d'acciuga e una punta di pâté di olive. Fai attenzione che la mozzarella non arrivi al bordo della fetta, ma resti un margine libero tutto intorno. Chiudi i panini pressandoli leggermente, passali nella farina, facendola aderire soprattutto sul taglio dei bordi, in modo da sigillarli. Quando li avrai infarinati tutti sbatti le uova in una scodella con una presa di sale e 2 cucchiai di latte e passaci i panini infarinati, rigirandoli bene su ogni lato perché assorbano l'uovo. Falli sgocciolare e friggili, pochi alla volta, in abbondante olio di arachide ben caldo, finché non saranno dorati. Scola su carta assorbente da cucina e servi subito.

Merluzzo saporito su letto di patate e broccoli

Ingredienti per 4 persone: 4 filetti di merluzzo di 150 g l'uno, 4 patate, 400 g di broccolo romano, latte, 1 noce di burro, 2 spicchi d'aglio, ½ cucchiaio di paprica dolce, prezzemolo, olio extravergine, sale, pepe. Tempo: 30 minuti.

Lessa separatamente, in acqua bollente salata, le patate sbucciate e tagliate a pezzi e il broccolo diviso in cimette. Quando saranno cotti schiacciali grossolanamente con una forchetta, tenendoli separati. Condisci le patate con il burro, 6-7 cucchiai di latte e una macinata di pepe, e il broccolo con un filo d'olio e pepe. Tieni in caldo. Nel frattempo cuoci a vapore i filetti di merluzzo per circa 10 minuti. Prepara il condimento: versa 60 ml di olio in un tegamino e aggiungi l'aglio spremuto con lo spremiaglio. Accendi il fuoco e scalda finché l'aglio non sarà dorato e croccante; spegni il fuoco e aggiungi la paprica. Metti in ciascun piatto una grossa cucchiaiata di purea di patate e una di purea di broccoli, adagia sopra il pesce al vapore e irrora tutto con l'olio aromatizzato. Spolvera con prezzemolo appena tritato e servi.

L'arrosto di pescatrice del mio primo libro ve lo ripropongo oggi con un nuovo procedimento che ne facilita la realizzazione: il pesce non è più preparato come un arrosto ma è semplicemente insaporito con la pancetta e cotto in padella. Risultato: un secondo piatto con i fiocchi!

NEW

Bocconcini... di pescatrice alla pancetta affumicata!

Tempo di preparazione: 35 minuti Numero di persone: 4 Ingredienti e quantità: 800 g di coda di pescatrice (tagliata nella parte più larga), 100 g di pancetta affumicata affettata spessa, 20 g di finocchietto e timo, 15 olive taggiasche, scorza grattugiata di ½ limone non trattato, 2 spicchi d'aglio, 1 bicchierino di Vermut, farina, 4 cucchiai di olio extravergine, sale.

Realizzazione: Leva l'osso centrale dalla pescatrice, separa i 2 filetti e taglia la polpa a bocconcini di 3 cm. Snocciola le olive e tritale grossolanamente con il coltello, mettile in una terrina con la scorza grattugiata di mezzo limone e le erbe aromatiche finemente tritate. Mescola e tieni in fresco. Scalda in una padella antiaderente 3 cucchiai d'olio con gli spicchi d'aglio non sbucciati e rosola la pancetta tagliata a listarelle, unisci i bocconcini di pesce infarinati e falli colorire a fuoco medio-alto (1-2 minuti). Sfuma con il Vermut, copri e cuoci a fuoco medio, unendo un mestolino d'acqua calda (occorreranno circa 15 minuti). A cottura ultimata elimina l'aglio, regola di sale e cospargi con la "gremolata" di olive.

Pollo alle mandorle

Ingredienti per 4 persone: 600 g di petto di pollo intero, 120 g di mandorle pelate, 1 cipollotto, farina, 1 bicchiere di brodo di carne, 4 cucchiai di salsa di soia, 4 cucchiai di olio di semi, sale. Tempo: 25 minuti.
Scalda l'olio in una padella, unisci le mandorle e tostale, muovendole spesso finché non sono dorate. Sgocciola e tieni da parte. Nella stessa padella soffriggi il cipollotto tritato e, appena inizia a dorarsi, aggiungi il pollo a dadini e infarinato. Fai dorare anche la carne, poi bagna con il brodo caldo. Cuoci a fuoco medio, per 10 minuti; aggiungi la salsa di soia e le mandorle quindi prosegui la cottura per altri 5 minuti, finché il pollo non sarà cotto. Aggiusta di sale e servi subito, ben caldo. Se ti piace puoi profumare questo piatto con una grattugiata di zenzero fresco: aggiungilo al pollo insieme alle mandorle.

Scaloppine al burro d'acciuga

Ingredienti per 4 persone: 500 g di scaloppine di vitello, 4 cucchiai di farina, 4 foglie di salvia, ½ bicchiere di vino bianco, 2 filetti di acciuga sott'olio, 25 g di pasta d'acciuga, burro, 3 cucchiai di olio extravergine, sale, pepe. Tempo: 20 minuti.
Scalda una noce di burro con l'olio, unisci la carne

infarinata e la salvia. Fai rosolare le scaloppine su entrambi i lati e sfuma con il vino. Aggiungi le acciughe sminuzzate e cuoci per 5 minuti, a fuoco basso e con il coperchio. A fine cottura regola di sale e pepe. A parte lavora 40 g di burro, morbido, con la pasta d'acciuga. Servi le scaloppine con il loro fondo di cottura e un ciuffetto di burro all'acciuga che disporrai nel piatto accanto alla carne. Accompagna con insalatina mista condita con olio, sale e aceto, e fettine di pane francese.

Prosciutto cotto in salsa di mele

Ingredienti per 4 persone: 4 fette di prosciutto cotto di circa 100 g l'una, 1 cipollotto, 1 rametto di rosmarino, 1 bicchiere circa di brodo di carne, 350 g di mele Golden o renette, succo di ½ limone, 1 noce di burro, 2 cucchiai di olio extravergine, sale, pepe. Tempo: 30 minuti.

Soffriggi il cipollotto tritato con l'olio e il burro, aggiungi il rosmarino e un mestolino di brodo. Cuoci per 2-3 minuti, unisci anche il prosciutto e fai insaporire coperto, a fuoco molto basso (2 minuti in totale). Togli dalla padella. Nel fondo di cottura cuoci le mele sbucciate e a dadini, bagnandole con il succo di limone e il brodo restante aggiunto poco alla volta. Quando le mele saranno ammorbidite aggiusta di sale e pepe; riscalda il prosciutto in padella per 1 minuto insieme alle mele e servi.

Uova e verdure con salsa al tonno

Ingredienti per 4 persone: 8 uova, 5 filetti di acciuga sott'olio, 2 cucchiai di capperi sotto sale, 200 g di tonno sott'olio già sgocciolato, 200 g di maionese, aceto di vino bianco, 1 cucchiaio di ketchup, 200 g di fagiolini, 300 g di patate, 200 g di carote, succo di ½ limone, olio extravergine, sale, pepe. Tempo: 35 minuti.

Metti nel frullatore le acciughe, i capperi dissalati e il tonno, frulla un po' e aggiungi la maionese, 2 cucchiai di aceto e il ketchup; frulla ancora fino a rendere la salsa omogenea. Trasferisci in una ciotola, aggiusta di sale e pepe, copri e conserva in frigorifero (puoi prepararla anche in anticipo). Taglia i fagiolini a metà e le altre verdure a dadi; cuocili a vapore finché non saranno teneri (in alternativa puoi bollirli normalmente in acqua salata). Condisci con un filo d'olio, sale, pepe e succo di limone. In un tegame abbastanza largo fai bollire abbondante acqua con 4 cucchiai d'aceto e una presa di sale. Abbassa il fuoco in modo che l'acqua bolla al minimo, sguscia un uovo alla volta in una piccola ciotola e lascialo scivolare delicatamente nell'acqua: lo scopo è quello di evitare che l'albume si allarghi troppo (deve restare raccolto intorno al tuorlo). Con un cucchiaio riporta sul centro dell'uovo eventuali lembi di albume e fai cuocere per 4 minuti, a bollore leggerissimo. Preleva le uova con un mestolo forato e mettile su un piatto coperto da un foglio di carta assorbente da cucina; servile con le verdure, accompagnando con la salsa tonnata.

Petti d'anatra al mandarino

Ingredienti per 4 persone: 2 petti d'anatra di 350 g l'uno con la pelle, 1 scalogno, 1 bicchierino di Cognac, 2 mandarini non trattati, 1 noce di burro, 1 cucchiaio di olio extravergine, sale, pepe. Tempo: 40 minuti + il riposo.
Incidi leggermente la pelle dei petti d'anatra con dei tagli obliqui incrociati e metti a rosolare con il burro e l'olio ben caldi in una padella, poggiandoli prima sulla parte con la pelle e poi voltandoli. Tieni la fiamma vivace e muovili spesso, in modo che diventino ben dorati senza bruciarsi. Una volta rosolati, scolali e tienili in caldo; fai appassire lo scalogno tritato nel fondo di cottura, bagna con il Cognac, fallo evaporare e aggiungi il succo e la scorza dei mandarini (solo la parte arancione), tagliata a filetti. Rimetti in padella i petti e cuocili a fuoco medio per 10 minuti, coperti, girandoli un paio di volte. Spegni il fuoco e fai riposare i petti per 5 minuti, coperti, prima di servirli tagliati a fette spesse e irrorati con il sughetto di cottura.

La regalità del gambero (dalle nostre parti molto amato) e il calore del fuoco ben ti rappresentano: amica sincera, leale e generosa...

Simone e Mita

SPECIAL GUEST:
SIMONE E MITA

Gamberoni alla fiamma

Tempo di preparazione: 20 minuti Numero di persone: 4
Ingredienti e quantità: 500 g di gamberoni, 1 spicchio d'aglio, 1 ciuffo di prezzemolo, 1 bicchierino di Brandy, 2 cucchiai di salsa di pomodoro, paprica, 20 g di burro, 3 cucchiai di olio extravergine, sale, pepe.
Realizzazione: In una padella scalda il burro e l'olio di oliva e fai soffriggere per circa 2 minuti l'aglio schiacciato e il prezzemolo tritato. Nel frattempo lava i gamberoni, asciugali e mettili nella padella per qualche minuto a fuoco vivace, mescolando. Insaporisci con sale e pepe e fiammeggia versando il Brandy. Aggiungi la salsa di pomodoro insieme a un pizzico di paprica e prosegui la cottura per circa 10 minuti. Disponi i gamberoni in un piatto, condisci con il sugo di cottura e servi subito.

Hamburger di salmone al limone

Ingredienti per 4 persone: 400 g di salmone fresco, 2 cucchiai di pangrattato, 6-8 steli di erba cipollina, 1 cucchiaio di maionese, 2 cucchiai di succo di limone, scorza grattugiata di ½ limone non trattato, olio extravergine, sale, pepe. Per la salsina: 2 cucchiai di yogurt greco intero, 6 cucchiai di maionese, scorza grattugiata di ½ limone non trattato. Tempo: 20 minuti.

Taglia il salmone a dadini di 1 cm e mettilo nel mixer con il pangrattato; frullalo brevemente: il pesce deve essere tritato senza diventare una poltiglia. Trasferiscilo in una terrina e condisci con l'erba cipollina tagliuzzata con le forbici, la maionese, il succo e la scorza grattugiata del limone, sale e pepe. Amalgama tutti gli ingredienti e dividi il composto in 4 parti; forma 4 polpette e schiacciale con le mani per ottenere la forma piatta dell'hamburger. Cuoci gli hamburger in una padella antiaderente con un velo d'olio, a fuoco medio, per 3 minuti, poi voltali e continua la cottura ancora per 2 minuti. Servi con la salsina ottenuta mescolando lo yogurt, la maionese e una grattugiata di scorza di limone. Puoi anche presentare l'hamburger all'interno del classico panino tondo, con qualche foglia di insalata e la salsina. In questo modo diventa un ottimo piatto unico.

Involtini di tacchino alla frutta secca

Ingredienti per 4 persone: 8 fettine di fesa di tacchino di circa 80 g l'una, 8 mandorle con la pelle, 8 albicocche secche, 50 g di gherigli di noce, 150 g di prosciutto crudo dolce, farina, 1 spicchio d'aglio, 1 rametto di rosmarino, 1 bicchiere di vino bianco, brodo di carne, 4 cucchiai di olio extravergine, sale, pepe. Tempo: 35 minuti.

Infila una mandorla in ognuna delle albicocche secche. Stendi le fettine di tacchino sul piano di lavoro, cospargi con sale e pepe e con le noci tritate grossolanamente. Disponi su ognuna una fetta di prosciutto e un'albicocca farcita, arrotola a involtino e ferma con uno stecchino. Sala gli involtini esternamente e infarinali. In una padella capiente scalda l'olio con l'aglio tagliato a metà e il rosmarino tritato, unisci gli involtini e falli rosolare. Quando saranno dorati sfuma con il vino, fai evaporare e bagna con un mestolo di brodo caldo. Metti il coperchio e cuoci a fuoco basso per 15-20 minuti. Elimina l'aglio e gli stecchini e servi gli involtini caldi accompagnati dal loro sughetto. Se non trovi le albicocche secche puoi sostituirle con prugne secche snocciolate.

Maelle è una vera carnivora e io ne approfitto per rifilarle insieme anche le "odiate" verdure, come i broccoli, che in questo caso sono ben mimetizzati. E quelli che invece rimangono come contorno cerco di farglieli mangiare, dicendole "amore, mangia i fiorellini". Il più delle volte, però, non riesco a fregarla...!

RICETTA PER MAELLE

Granatine di carne e broccoletti

Tempo di preparazione: 40 minuti Numero di persone: 4 (o 6 bimbi) Ingredienti e quantità: 500 g di carne di vitello tritata, 200 g di cime di broccoletti puliti, 100 g di mollica di pane raffermo, 1 uovo grande, 50 g di parmigiano grattugiato, noce moscata, 8 fette sottili di prosciutto crudo dolce, 2 cucchiai di olio extravergine, sale.

Realizzazione: Lessa i broccoletti in acqua salata, scolali dopo 8-10 minuti poi schiacciali con una forchetta. Bagna il pane raffermo in acqua, strizzalo e mettilo in una terrina con la carne, l'uovo, il parmigiano, una grattugiata di noce moscata e il sale. Amalgama gli ingredienti con le mani e incorpora i broccoletti schiacciati. Forma con l'impasto delle polpettine allungate, fasciale con mezza fetta di prosciutto e poi cuocile in padella con l'olio, a fuoco medio e coperto per circa 15 minuti. Durante la cottura aggiungi un po' d'acqua per evitare che il fondo si bruci. Per controllare se sono cotte premi le polpettine con una forchetta: se risultano morbide cuocile ancora un po'.

Polpettone freddo di tonno e ricotta

Ingredienti per 4 persone: 300 g di tonno sott'olio già sgocciolato, 1 cucchiaio di capperi sotto sale, 200 g di ricotta, 30 g di parmigiano grattugiato, 40 g di pangrattato, 1 uovo, 2 filetti di acciuga sott'olio. Tempo: 40 minuti + il tempo di raffreddamento.

Dopo aver dissalato i capperi, metti tutti gli ingredienti nel mixer e frulla fino a ottenere un composto liscio. Forma un cilindro, avvolgilo in un foglio di carta da forno bagnato e strizzato e sigilla le estremità legandole con spago da cucina. Arrotola il salametto in un foglio di alluminio e chiudi le estremità "a caramella". Cuoci il polpettone in acqua bollente per 30 minuti, spegni il fuoco e lascialo intiepidire nell'acqua. Scola e affetta solo quando sarà completamente raffreddato; servilo accompagnando con maionese e insalata mista. È ottimo anche per farcire dei panini.

Galletti al limone con olive

Ingredienti per 4 persone: 2 galletti di circa 500 g l'uno, 1 spicchio d'aglio, ½ scalogno, 2 filetti di acciuga sott'olio, ½ bicchiere di vino bianco, 1 limone non trattato, 100 g di olive nere snocciolate, olio extravergine, sale, pepe. Tempo: 50 minuti.

Cospargi i galletti di sale e pepe, sia esternamente che nella cavità addominale. Rosolali con 4 cucchiai d'olio e lo spicchio d'aglio e, quando saranno dorati, aggiungi lo scalogno tritato e i filetti di acciuga. Fai insaporire un paio di minuti, sfuma con il vino bianco, aggiungi il succo del limone intero e la scorza grattugiata di mezzo; cuoci a fuoco basso, con il coperchio, per circa 35 minuti. Elimina l'aglio, unisci le olive e cuoci ancora per 10 minuti (aggiungi qualche cucchiaio d'acqua se necessario). Servi i galletti ben caldi. Si accompagnano bene con un'insalata di valeriana o spinacini novelli.

Spezzatino di vitello all'ungherese

Ingredienti per 4 persone: 800 g di polpa di vitello per spezzatino, 800 g di cipolle bianche, paprica, 125 ml di panna fresca, 1 noce di burro, 4 cucchiai di olio extravergine, sale, pepe. Tempo: 2 ore e 20 minuti.

Trita le cipolle e soffriggile in una pentola dal fondo spesso (possibilmente di coccio) con il burro e l'olio. Quando avranno preso colore unisci la carne tagliata a cubetti, sale e pepe. Metti il coperchio e cuoci, a fuoco bassissimo, per circa 2 ore. Quando mancano 5 minuti alla fine della cottura aggiungi la paprica e la panna e continua a cuocere. Servi ben caldo, accompagnando con patate lesse o riso bollito.

Polpettone ai funghi con salsa al vino

Ingredienti per 4 persone: 500 g di carne di vitello tritata, 20 g di funghi porcini secchi, ½ scalogno, 4 fette di pancarrè, 70 g di prosciutto cotto, 2 uova, 3 cucchiai di parmigiano grattugiato, 2 rametti di timo, 2 cucchiai di olio extravergine, sale, pepe. Per la salsa: 4 cucchiai di misto per soffritto surgelato (sedano, carota, cipolla), ½ bicchiere di vino bianco, 1 bicchiere di brodo di carne, 150 ml di panna fresca, 4 cucchiai di olio extravergine, sale, pepe. Tempo: 1 ora e 30 minuti + 20 minuti di ammollo.

Metti a mollo i funghi secchi in acqua calda per 20 minuti, sciacquali, strizzali e soffriggili in padella con l'olio e lo scalogno tritato per 10 minuti (aggiungi poca acqua, se necessario). A cottura ultimata il liquido dovrà essere evaporato. Frulla il pancarrè con il prosciutto cotto e metti in una terrina. Frulla anche i funghi e aggiungili nella terrina insieme alla carne, le uova, il parmigiano, le foglioline di timo, sale e pepe. Amalgama tutti gli ingredienti fino a ottenere un composto omogeneo. Rivesti una placca con carta da forno e disponi sopra il composto di carne, dandogli una forma ovale, allungata. Cuoci in forno preriscaldato a 180° per 50 minuti. Nel frattempo prepara la salsa: fai appassire il misto per soffritto nell'olio. Quando le verdure saranno morbide sfuma con il vino e lascia evaporare; unisci il brodo e fai restringere a fuoco vivo per 5 minuti. Frulla tutto aggiungendo anche la panna, sale e pepe. Servi il polpettone a fette accompagnato con la salsa al vino.

Bocconcini di tacchino al Moscato e uva

Ingredienti per 4 persone: 700 g di fesa di tacchino, 1 spicchio d'aglio, 1 bicchiere di Moscato secco, 2 foglie di salvia, 4 bacche di ginepro, 250 g di uva nera, 1 noce di burro, 3 cucchiai di olio extravergine, sale, pepe.
Tempo: 35 minuti.
Taglia la carne a bocconcini di circa 2 cm e falla rosolare insieme all'aglio con il burro e l'olio, a fuoco vivace. Quando sarà dorata sfuma con il Moscato e unisci la salvia, il ginepro, sale e pepe. Elimina l'aglio e fai cuocere con il coperchio, a fuoco medio, per 10 minuti; aggiungi gli acini d'uva interi e continua la cottura ancora per 5 minuti. Scola carne e uva con un mestolo forato e disponili in un piatto da portata riscaldato, fai addensare il fondo di cottura a fuoco vivace e versa sulla carne. Servi subito.

Ecco un'altra ricetta del primo libro che è piaciuta a tutti. Oggi la ripropongo con i filetti di sogliola, ma sempre "impreziositi" con due ingredienti "chic", il Prosecco e il tartufo. Presentazione di sicuro successo e gusto che vi sorprenderà.

1°

Filetti di... sogliola con Prosecco e tartufo nero

NEW

Tempo di preparazione: 10 minuti **Numero di persone:** 4 **Ingredienti e quantità:** 600 g di filetti di sogliola, 1 bicchiere di Prosecco, 1 cucchiaio di crema al tartufo, 200 ml di panna fresca, ½ dado da brodo, prezzemolo, burro, farina, sale, 1 tartufo nero (facoltativo), olio tartufato.

Realizzazione: Dopo avere infarinato i filetti di sogliola, falli rosolare nel burro rigirandoli delicatamente. Bagnali poi con il Prosecco, che farai evaporare del tutto. Unisci la crema al tartufo, la panna, il dado e regola di sale solo se necessario. Dopo 1 minuto aggiungi il prezzemolo tritato, un filo di olio tartufato e, se ce l'hai, qualche scaglia di tartufo nero. L'accompagnamento ideale è un purè di patate oppure patate lesse, schiacciate e condite.

Bistecche al pepe con salsa al cipollotto

Ingredienti per 4 persone: 4 bistecche di manzo disossate di 150 g l'una, 2 cipollotti, 150 g di Philadelphia, 50 g di mascarpone, 1 cucchiaio di salsa Worcester, 6 cucchiai di latte, 2 cucchiai di pepe nero in grani, olio extravergine, sale. Tempo: 30 minuti.

Per la salsa: soffriggi i cipollotti affettati finemente con 4 cucchiai d'olio, aggiungi una presa di sale, 2-3 cucchiai d'acqua e continua la cottura a fuoco medio, con il coperchio, per circa 10 minuti, finché non saranno morbidi. In una terrina amalgama il Philadelphia, il mascarpone, la salsa Worcester e un pizzico di sale; diluisci con qualche cucchiaio di latte fino a ottenere una salsina non troppo densa. Aggiungi i cipollotti e mescola. Puoi preparare questa salsa anche con diverse ore di anticipo e conservarla in frigorifero ben coperta. Mescola di nuovo prima dell'utilizzo. Per le bistecche: con un batticarne o il fondo di un bicchiere batti i grani di pepe per frantumarli grossolanamente e distribuiscili su entrambi i lati delle bistecche, premendoli per farli aderire bene. Scalda 3 cucchiai d'olio in una padella e cuoci la carne a fiamma alta da entrambi i lati, regolando il tempo a seconda del grado di cottura che preferisci (non cuocerla troppo a lungo altrimenti indurisce). Sala e servi con la salsa al cipollotto. Puoi accompagnare questa preparazione con delle patatine fritte.

Pollo allo spumante

Ingredienti per 4 persone: 4 fette spesse di petto di pollo di circa 150 g l'una, qualche lamella di fungo porcino secco, 1 spicchio d'aglio, 2 foglie di salvia, farina, 300 ml di spumante secco, 2 fette di prosciutto crudo, 2 cucchiai di mascarpone, 1 noce di burro, 2 cucchiai di olio extravergine, sale, pepe. Tempo: 25 minuti. Metti a bagno i funghi secchi in acqua calda. Scalda il burro con l'olio, lo spicchio d'aglio e la salvia, unisci i petti di pollo infarinati e falli rosolare da entrambi i lati. Sfuma con metà dello spumante, aggiungi il sale, i funghi secchi strizzati e tritati e cuoci a fuoco medio-basso per 10 minuti, con il coperchio. Quando il pollo sarà cotto scolalo dal condimento, mettilo su un piatto da portata riscaldato e copri ogni filetto con mezza fetta di prosciutto; tieni in caldo. Aggiungi al fondo di cottura il resto dello spumante e una macinata di pepe, porta a bollore e lascia cuocere a fuoco alto per 5 minuti, perché si restringa. In ultimo aggiungi il mascarpone, fallo sciogliere e versa il condimento sui petti di pollo ancora ben caldi. Servi subito.

Sgombri alla carlofortina

Ingredienti per 4 persone: 4 sgombri di circa 250 g l'uno, 1 spicchio d'aglio, ½ bicchiere di vino bianco, 3 cucchiai di aceto di vino bianco, 350 g di passata di pomodoro, 2 foglie di alloro fresco, 4 cucchiai di olio extravergine, sale, pepe. Tempo: 30 minuti.

Scalda l'olio con lo spicchio d'aglio tagliato a metà, unisci gli sgombri interi e fai rosolare per qualche minuto, muovendo i pesci con delicatezza per non romperli. Sfuma con il vino e l'aceto, fai evaporare e unisci il pomodoro, le foglie di alloro e il sale. Fai bollire a fuoco medio-basso, con il coperchio, per circa 20 minuti, aggiungendo poca acqua se necessario. A fine cottura elimina l'alloro, profuma con una macinata di pepe e servi tiepido.

Carbonada di manzo alla valdostana

Ingredienti per 4 persone: 800 g di polpa di manzo magra per spezzatino, farina, 1 cipolla, ½ l di vino rosso corposo, ½ l di vino bianco, 2 foglie di salvia, 1 foglia di alloro, 6 bacche di ginepro, 2 chiodi di garofano, 60 g di burro, 2 cucchiai di olio extravergine, sale, pepe. Tempo: 2 ore e 20 minuti.

Taglia la carne a dadi di circa 3 cm, infarinala leggermente e mettila a rosolare con il burro e l'olio; quando sarà dorata scolala con un mestolo forato e trasferiscila in un piatto, tenendo in caldo. Nello stesso tegame fai soffriggere la cipolla affettata e, quando sarà appassita e morbida, rimetti dentro la carne. Fai insaporire carne e cipolla per 1 minuto a fuoco basso e copri con entrambi i vini, scaldati; aggiungi il sale, le erbe e le spezie e fai bollire coperto, a fuoco molto basso, per circa 2 ore. A cottura ultimata profuma con una macinata di pepe e servi la carbonada bollente, accompagnando preferibilmente con polenta.

Calamari al limone e rucola

Ingredienti per 4 persone: 800 g di anelli di calamaro surgelati già scongelati, succo di 1 limone, 150 g di rucola, 1 carota, olio extravergine, sale, pepe. Tempo: 20 minuti.

Scalda 4 cucchiai di olio e unisci i calamari, mantenendo il fuoco vivace. Dopo 5 minuti versa il succo di limone, insaporisci con un pizzico di sale e continua la cottura con il coperchio per 10 minuti, a fuoco medio, finché i calamari non saranno teneri (non cuocerli troppo, altrimenti diventano gommosi). A fine cottura profuma con un po' di pepe e servi i calamari su un'insalatina di rucola e carota affettata sottile, condita con olio, sale e pepe.

Volete una buona idea per una cena organizzata all'ultimo momento? Bastano una rapida visita dal macellaio di fiducia e pochi altri ingredienti che spesso già trovate nel vostro frigorifero. Successo e gusto assicurati... E a fine serata qualcuno vi chiederà la ricetta!

NEW

Fagottini di vitello ripieni di... speck con funghi!

Tempo di preparazione: 35 minuti Numero di persone: 4 Ingredienti e quantità: 12 fettine di fesa di vitello tagliate sottili, 6 fette di speck, 6 fette di formaggio dolce tagliate sottili, 6 funghi champignon grandi, ½ bicchiere di vino bianco, farina, burro, olio extravergine, sale, pepe.

Realizzazione: Stendi le fettine di vitello e su ciascuna aggiungi mezza fettina di speck e mezza di formaggio, poi ripiega in modo da ottenere 12 fagottini e chiudili alle estremità con gli stuzzicadenti. Infarinali leggermente e rosolali in una padella con un filo d'olio e burro. Dopo 1-2 minuti, una volta che avranno preso colore, aggiungi i funghi tagliati a fettine e una presa di sale. Fai cuocere per un altro paio di minuti a fiamma vivace e poi sfuma il tutto con il vino. Prosegui la cottura, a recipiente coperto e a fuoco basso, per 15 minuti circa. Alla fine aggiusta di sale e pepe.

Piatti unici e contorni

Peperoni ripieni di cous cous

Ingredienti per 6 persone: 180 g di cous cous, 300 ml di brodo vegetale, 250 g di petto di pollo, 6 peperoni rossi, gialli e verdi, 2 scalogni, 1 cucchiaio di aneto fresco tritato, 1 cucchiaio di menta fresca tritata, 60 g di uvetta, 30 g di pinoli, 2 cucchiai di succo di limone, olio extravergine, sale. Tempo: 1 ora e 15 minuti.

Porta a bollore il brodo, unisci il cous cous, spegni il fuoco e copri con il coperchio. Lascia riposare per 5 minuti in modo che il cous cous si gonfi bene. Taglia il pollo a dadini piccoli e fai rosolare a fuoco vivo in padella con 3 cucchiai d'olio e una presa di sale, finché non saranno ben dorati (occorreranno pochi minuti). Lasciali nella padella, coperti. Taglia via la calotta dei peperoni, elimina dall'interno i semi e i filamenti e trita le calotte. Togli il cous cous dalla pentola sgranandolo con una forchetta e mettilo nella padella con il pollo, aggiungi le calotte di peperone tritate, gli scalogni, le erbe, l'uvetta, i pinoli, il succo di limone e 2 cucchiai d'olio; mescola e regola di sale. Sala l'interno dei peperoni e riempili con il cous cous preparato. Disponili in una teglia in cui possano stare in piedi senza cadere, irrorali con un filo d'olio e cuoci in forno preriscaldato a 170° per 50 minuti, o finché i peperoni non saranno teneri. Se non trovi l'aneto fresco puoi sostituirlo con quello secco o con barbine di finocchio fresche.

Zucchine farcite alla sarda

Ingredienti per 4 persone: 6 zucchine, ½ cipolla bianca, 150 g di pecorino sardo, 4 pomodori secchi sott'olio, 2 uova, basilico, 100 g circa di pangrattato, olio extravergine, sale, pepe. Tempo: 1 ora e 10 minuti.

Taglia le zucchine a metà per il lungo, scavane la polpa (lasciane solo pochi millimetri) e conservala; dovrai ottenere una sorta di barchette. Soffriggi la cipolla tritata con 3 cucchiai d'olio e, quando inizierà a prendere colore, unisci la polpa delle zucchine tritata grossolanamente. Cuoci a fuoco vivace per circa 10 minuti, finché non sarà morbida. Lascia intiepidire, aggiungi il pecorino grattugiato, i pomodori secchi tritati grossolanamente, le uova, un po' di basilico spezzettato, sale e pepe. Mescola e aggiungi una parte del pangrattato, quanto basta per avere un composto sostenuto ma morbido. Sala leggermente l'interno delle zucchine, riempile con il composto, spolvera di pangrattato e disponile in una teglia. Irrorale con alcune gocce d'olio e cuoci in forno preriscaldato a 180° per 40 minuti. Servi tiepide o fredde.

Insalata ricca di avocado e gamberetti

Ingredienti per 4 persone: 5 pomodori da insalata non troppo maturi, 1 avocado maturo, 1 cipollotto, 160 g di mais in scatola sgocciolato, 100 g di gamberetti già lessati, succo di limone, salsa Tabasco, olio extravergine, sale. Tempo: 10 minuti.

Taglia i pomodori a spicchi e ponili in una insalatiera. Taglia l'avocado a dadi di 1,5 cm, il cipollotto ad anelli sottili e uniscili ai pomodori con il mais e i gamberetti. Condisci con succo di limone, una spruzzata di Tabasco (regola la quantità secondo il gusto), olio e sale. Mescola delicatamente e servi subito.

Pomodori alle erbe

Ingredienti per 4 persone: 6 pomodori San Marzano maturi e sodi, basilico, menta, 4 rametti di timo, origano secco, 1 spicchio d'aglio, 4 cucchiai di olio extravergine, sale, pepe. Tempo: 15 minuti.

Trita 2 cucchiai di basilico e uno di menta e mescola con il timo sfogliato, un pizzico di origano, una presa di sale e una macinata di pepe. Taglia i pomodori a metà per il lungo e pratica delle incisioni incrociate sul lato tagliato; allarga leggermente le incisioni e inserisci in mezzo il trito di erbe (puoi aiutarti con un cucchiaino). Scalda l'olio con l'aglio tagliato a metà e, quando sarà ben caldo, unisci i pomodori poggiandoli sul lato con la pelle. Cuoci a fuoco alto per pochi minuti (2-3 basteranno): devono solo abbrustolirsi nella parte inferiore, senza cuocere molto. Muovili spesso, senza voltarli, poi accomodali in un piatto e irrorali con il fondo di cottura. Servi tiepido o freddo come contorno a un piatto di carne o pesce.

Spinaci con scalogni, olive e pinoli

Ingredienti per 4 persone: 800 g di spinaci puliti, 3 scalogni, 4 cucchiai di vino bianco, 50 g di olive taggiasche snocciolate, 30 g di pinoli, 4 cucchiai di olio extravergine, sale. Tempo: 25 minuti.

Cuoci gli spinaci con la sola acqua del risciacquo, poi scolali e strizzali. Affetta gli scalogni e soffriggili con l'olio, finché non saranno appassiti. Sfuma con il vino e fai evaporare, aggiungi gli spinaci, una presa di sale e lascia insaporire per 6-7 minuti, mescolando per distribuire bene il condimento. Completa con le olive tagliate a rondelle e i pinoli e servi caldo.

Frittelle di broccoli

Ingredienti per 4 persone: 400 g di cime di broccolo romano, 15 g di lievito di birra fresco, ½ cucchiaino di zucchero, 350 g di farina, 300 ml di birra chiara, olio di arachide, sale. Tempo: 45 minuti + 45 minuti di lievitazione.

Prepara la pastella: sciogli il lievito in 2-3 cucchiai di acqua tiepida con lo zucchero, aggiungi la farina e poi, gradualmente, la birra. Inizia a mescolare, aggiungi un cucchiaino raso di sale e amalgamalo senza lavorare eccessivamente. Dovrà risultare una pastella abbastanza densa (se occorre regola la densità aggiungendo acqua o farina). Copri e fai lievitare per 45 minuti in luogo tiepido. Lessa le cime di broccolo in acqua salata per 8-9 minuti (devono restare al dente). Scolale e dividi a metà o in 4 parti quelle più grandi. Lasciale raffreddare. Al momento di friggere scalda l'olio (dovrà essere profondo almeno 3 dita), immergi le cime di broccolo nella pastella, sgocciola via l'eccesso e tuffale nell'olio bollente. Quando saranno dorate scolale su carta assorbente da cucina e servile calde. Utilizza questa pastella anche per altri tipi di frittelle; è ottima per avvolgere piccoli pezzetti di baccalà, gamberi già sgusciati o fiori di zucca farciti con un pezzetto di acciuga.

Involtini di melanzane alla siciliana

Ingredienti per 4 persone: 12 fette di melanzane grigliate surgelate già scongelate, 1 spicchio d'aglio, 20 g di capperi sotto sale, 20 g di pinoli, 20 g di uvetta, prezzemolo, 120 g di pancarrè, pangrattato, 2 cucchiai di pecorino, basilico, olio extravergine, sale, pepe.
Tempo: 40 minuti.

Scalda 6 cucchiai d'olio con lo spicchio d'aglio; quando sarà dorato aggiungi i capperi dissalati e tagliuzzati, i pinoli, l'uvetta e un po' di prezzemolo tritato. Fai insaporire, mescolando, per 1 minuto, quindi spegni il fuoco, elimina l'aglio e unisci il pancarrè triturato grossolanamente. Aggiusta di sale e pepe. Stendi le fette di melanzana sul piano di lavoro, salale e distribuisci sopra il composto preparato. Arrotola a involtino e poggia in una teglia leggermente unta. Irrora con un filo d'olio, una spolverata di pangrattato e di pecorino e qualche foglia di basilico spezzettata. Passa sotto il grill del forno per 5-10 minuti e servi tiepidi. Questi involtini sono perfetti per accompagnare piatti a base di tonno fresco o pesce spada. Sono ottimi anche aggiungendo polpa di pesce, già cotta e sminuzzata, alla farcitura (orata, merluzzo, alici o sarde ecc.).

Patate in camicia

Ingredienti per 4 persone: 4 patate grandi, olio extravergine o burro, sale, pepe. Tempo: 1 ora e 5 minuti.
Lava e spazzola bene le patate, asciugale e punzecchiale con una forchetta. Spalma la buccia con l'olio o il burro per renderle croccanti. Poggiale direttamente sulla griglia del forno preriscaldato a 200° e cuoci per 1 ora circa (i tempi di cottura dipendono dalla grandezza e dalla qualità delle patate). Per verificare che siano cotte infilzale con la punta di un coltellino o uno stecchino, dovrà penetrare facilmente fino al centro. Una volta cotte, servile immediatamente accompagnandole con olio o burro, sale e pepe: ogni commensale taglierà la propria patata e la condirà a piacere. Queste patate sono ottime in molti altri modi: con gorgonzola morbido, con formaggio fresco spalmabile e salmone affumicato, con burro alle acciughe, con salumi e affettati vari, ma anche con carciofini sott'olio, pomodori secchi, pâté di olive, gamberetti, maionese, senape o altre salse di tuo gusto. In alternativa taglia le patate a metà, scavale (otterrai delle "barchette"), schiaccia la polpa e aggiungi delle verdure già cotte e tritate, formaggi, salumi o ciò che preferisci. Versa il ripieno nelle mezze patate e infornale a 200° per 10 minuti.

Una ricetta che mette tutti d'accordo, suggeritami da Cristina, la mia amica di tutti i giorni. Una sorta di parmigiana più semplice nella realizzazione, dal sapore estivo e che piace tanto anche ai bambini. Provate questa variante con il pâté di olive nere anziché il pesto, sembrerà un piatto completamente nuovo!!

NEW

Melanzane alla ligure con... pâté di olive nere!

Tempo di preparazione: 30 minuti Numero di persone: 4 Ingredienti e quantità: 2 melanzane grandi, 400 g di passata di pomodoro, 1 spicchio d'aglio, 1 barattolo di pâté di olive nere, 1 uovo, pangrattato, olio extravergine, basilico, sale.

Realizzazione: In un piccolo tegame prepara un sughetto unendo la passata di pomodoro, un po' d'olio, l'aglio sbucciato e tagliato a metà e sale a piacere. Versa il pâté di olive in una ciotolina, aggiungi un po' di olio e mescola. Taglia a rondelle le melanzane lavate e asciugate, passale nell'uovo sbattuto e poi nel pangrattato, falle friggere in padella con abbondante olio caldo, poi asciugale con carta assorbente da cucina e disponile su un piatto di portata. Distribuisci su ciascuna rondella un po' di sughetto, un cucchiaino di pâté e una fogliolina di basilico. Servi le melanzane calde.

Sformato di agretti

Ingredienti per 4 persone: 350 g di agretti, 250 g di ricotta, 2 uova, 100 ml di panna fresca, 30 g di pangrattato, 50 g di parmigiano grattugiato, noce moscata, 1 limone non trattato, sale, pepe. Tempo: 50 minuti.

Lessa gli agretti in acqua salata (8-10 minuti) e scolali al dente. A parte lavora la ricotta per renderla cremosa e omogenea, incorpora un uovo alla volta (con una frusta) e diluisci con la panna. Amalgama al composto il pangrattato, il parmigiano, una grattugiata di noce moscata e una di scorza di limone, sale e pepe. Mescola e unisci gli agretti, districandoli con una forchetta per far penetrare bene il composto tra i filamenti. Rivesti una pirofila con carta da forno e versaci il composto. Cuoci in forno preriscaldato a 200° per 30 minuti. Servi caldo.

Teglia di scarola saporita

Ingredienti per 4 persone: 2 cespi di scarola, 3 fette di pane casereccio raffermo, ½ spicchio d'aglio, prezzemolo, 4 filetti di acciuga sotto sale, 100 g di olive greche snocciolate, olio extravergine, sale. Tempo: 35 minuti.

Taglia la scarola a metà e sbollentala per 1 minuto in acqua salata. Scola e strizza bene. Elimina la crosta dalle fette di pane e trita la mollica grossolanamente. A parte trita finemente l'aglio e un cucchiaio di prezzemolo e uniscili al pane, insieme alle acciughe dissalate e alle olive spezzettate. Condisci con 3 cucchiai d'olio, un pizzico di sale e una spruzzata di acqua e mescola per amalgamare gli ingredienti. Taglia la scarola a pezzi di 3-4 cm, disponila in una teglia leggermente unta, irrorala con un filo d'olio e ricoprila con il composto di pane. Passa in forno preriscaldato a 220° per 20 minuti, finché il pane non apparirà dorato e croccante.

Pizza con cipolle

Ingredienti per 2 persone: 1 rotolo di base pronta per pizza rettangolare (circa 400 g), 2 cipolle rosse di Tropea, 1 cucchiaino di zucchero, 1 zucchina, 150 g di gorgonzola, olio extravergine, sale, pepe. Tempo: 30 minuti. Affetta sottilmente le cipolle, falle soffriggere con 3 cucchiai d'olio a fuoco medio finché non saranno morbide (circa 10 minuti); mescolale spesso. Una volta pronte, cospargile con una presa di sale e lo zucchero e cuoci ancora 1-2 minuti. Lascia intiepidire. Metti la base per pizza su una teglia con la sua carta. Distribuisci sopra la zucchina grattugiata con una grattugia a fori grossi, un filo d'olio, sale, pepe, le cipolle caramellate e il gorgonzola a pezzetti. Cuoci in forno preriscaldato seguendo le istruzioni sulla confezione.

Una vera e propria chicca, in cui i sapori mediterranei della caponata classica si mescolano con il dolce dell'uvetta e il retrogusto di liquerizia dello zucchero di canna. E se si usa quello grezzo viene ancora meglio!

Giulio e Maria

SPECIAL GUEST:
GIULIO E MARIA

Caponata catanese a modo nostro

Tempo di preparazione: 1 ora + 30 minuti di riposo Numero di persone: 4 Ingredienti e quantità: 3 melanzane lunghe, 3 peperoni (gialli, verdi e rossi), 1-2 cipolle, 1 costa di sedano, 1 spicchio d'aglio, 1 pugno di uvetta chiara, 1 pugno di uvetta scura, 2-3 pugni di pinoli, olive verdi e nere, capperi, 4 pomodori maturi, olio extravergine, aceto balsamico o aceto di mele, zucchero di canna, sale.

Realizzazione: Taglia a cubetti le melanzane e i peperoni, affetta finemente le cipolle, riduci il sedano a pezzettini. Cospargi leggermente le melanzane di sale e lasciale scolare per mezz'ora. Friggi le verdure e mettile a sgocciolare su carta assorbente da cucina. A parte soffriggi l'aglio e aggiungi i pomodori a pezzetti, lascia appassire un po' e poi unisci le verdure precedentemente fritte, l'uvetta, i pinoli, le olive e i capperi. Aggiusta di sale e poi aggiungi l'aceto e lo zucchero di canna. Servi tiepido o freddo. La caponata è ottima accostata a un roast beef o a un bollito.

Asparagi con salsa all'arancia

Ingredienti per 4 persone: 800 g di asparagi, 150 g di maionese, ½ arancia non trattata, paprica dolce, olio extravergine, sale, pepe. Tempo: 20 minuti.

Pela gli asparagi con un pelapatate, eliminando la pellicina intorno al gambo e lasciando intatte le punte. Spennellali leggermente con olio e passali sulla griglia caldissima, finché non saranno ben coloriti (6-7 minuti). A fine cottura cospargili con un pizzico di sale. A parte mescola la maionese con un'abbondante grattugiata di buccia d'arancia, un cucchiaio di succo, un pizzico di paprica e una macinata di pepe. Servi gli asparagi tiepidi con la salsa a parte.

Broccoletti al vino rosso

Ingredienti per 4 persone: 800 g di broccoletti puliti, 1 scalogno, 1 bicchiere di vino rosso, 4 cucchiai di olio extravergine, sale, pepe. Tempo: 35 minuti.

Affetta finemente lo scalogno e fallo appassire con l'olio; taglia i broccoletti a cime non troppo grandi e falle insaporire con lo scalogno per 5 minuti a fuoco basso, mescolando spesso. Versa il vino, aggiungi sale e pepe e metti il coperchio. Cuoci per 20-25 minuti a fuoco basso, mescolando ogni tanto, finché i broccoletti non saranno teneri (infilzali con la punta di un coltellino per provarne la cottura). Se durante la cottura il liquido si asciuga troppo, aggiungi un po' di acqua calda. Servi i broccoletti ben caldi come contorno per piatti a base di carne o formaggio.

Gateau di patate al pomodoro

Ingredienti per 4 persone: 1 kg di patate, 1 cipolla bianca, 400 g di polpa di pomodoro in scatola, 2 uova, 2 cucchiai di parmigiano grattugiato, 200 g di mozzarella, pangrattato, olio extravergine, sale, pepe. Tempo: 1 ora e 45 minuti.

Lessa le patate intere, con la buccia, partendo da acqua fredda salata (40 minuti circa). Soffriggi la cipolla affettata sottile con 4 cucchiai d'olio, falla appassire e unisci il pomodoro, sale e pepe. Cuoci per 5-6 minuti a fuoco alto, per far restringere un po' il liquido; pela le patate, tagliale grossolanamente a pezzi e uniscile al pomodoro, mescolando e schiacciandole un po' per amalgamare il tutto. Aggiusta di sale e pepe e lascia intiepidire. Unisci le uova, il parmigiano e la mozzarella tagliata a dadini e mescola. Ungi una pirofila quadrata di circa 24 cm di lato, cospargila di pangrattato e versaci il composto. Spolvera con altro pangrattato, un filo d'olio, e cuoci in forno preriscaldato a 180° per 50 minuti.

Insalata di spinacini agli agrumi

Ingredienti per 4 persone: 200 g di spinacini novelli, ½ finocchio, 1 arancia non trattata, 1 pompelmo, 3 cucchiai di olio extravergine, sale, pepe. Tempo: 10 minuti.

Affetta molto finemente il finocchio e mescolalo con le foglie di spinaci. Sbuccia il pompelmo e, aiutandoti con un coltellino ben affilato, separa gli spicchi eliminando la pellicina. Mescola anche questi all'insalata. A parte sbatti il succo dell'arancia intera e la scorza grattugiata di mezzo frutto con l'olio, sale e pepe. Condisci l'insalata con questa salsina e servi subito.

Insalata fresca ai cereali

Ingredienti per 4 persone: 250 g di chicchi di cereali misti parboiled (riso, farro, orzo, avena ecc.), succo di ½ limone, prezzemolo, menta, 1 cipollotto, 350 g di pomodori maturi (perini o San Marzano), 350 g di ceci già lessati, olio extravergine, sale. Tempo: 35 minuti.

Lessa i cereali in acqua salata, scolali e falli raffreddare allargandoli su un vassoio e irrorandoli con un filo d'olio. Trasferisci in una terrina e condisci con il succo di limone, abbondanti prezzemolo e menta tritati, il cipollotto tritato anch'esso, i pomodori privati dei semi e tagliati a cubetti, i ceci sgocciolati e ancora un giro d'olio. Mescola tutto e regola di sale. Servi l'insalata fresca.

Cous cous con melanzane e peperoni

Ingredienti per 4 persone: 300 g di cous cous, 2 melanzane piccole, 1 peperone rosso, 350 ml circa di brodo vegetale, 80 g di uvetta, prezzemolo, 150 g di pesce spada affumicato a fettine, olio di arachide, 2 cucchiai di olio extravergine, sale. Tempo: 40 minuti.

Taglia le melanzane a cubetti e friggile in abbondante olio di arachide ben caldo. Quando i cubetti saranno dorati sgocciolali su carta assorbente da cucina. Friggi nello stesso olio, aggiungendone se necessario, il peperone tagliato a quadratini. Sgocciolalo bene, uniscilo alle melanzane, sala e tieni da parte. Prepara il cous cous facendolo gonfiare nel brodo bollente (segui le istruzioni sulla confezione) a cui avrai aggiunto l'olio d'oliva. Sgranalo con una forchetta e ponilo in una terrina. Unisci l'uvetta ammollata in acqua tiepida, le melanzane, i peperoni e un po' di prezzemolo tritato. Mescola bene, disponi il cous cous in un grande piatto e sistemaci intorno in bell'ordine le fettine di pesce spada affumicato.

RICETTA PER MAELLE

Scacchiera di purè

Tempo di preparazione: 1 ora **Numero di persone:** 4 (o 6 bimbi) **Ingredienti e quantità:** 750 g di patate, 150 g di carote, 35 g di spinaci surgelati, 200 ml di latte, 60 g di parmigiano grattugiato, noce moscata, sale.

Realizzazione: Lessa le patate, intere e con la buccia, partendo da acqua fredda salata (circa 40 minuti in totale). Pelale e passale allo schiacciapatate. Unisci il parmigiano e una grattugiata di noce moscata. Lessa separatamente in acqua salata anche le carote, a rondelle, e gli spinaci. Scola entrambe le verdure, strizza bene gli spinaci e frullali. Frulla anche le carote e, se occorre, unisci poco latte preso dal totale. Unisci il passato di carote a una metà delle patate e il passato di spinaci all'altra metà. Regola la densità dei due purè diluendoli con il latte rimasto, portali sul fuoco e cuoci per qualche minuto, mescolando con una frusta o una spatola. Aggiusta di sale e disponili in un piatto di portata, alternando cucchiaiate di colore diverso, come in una scacchiera.

Pizza con pollo e peperoni

Ingredienti per 2 persone: 1 rotolo di base pronta per pizza rettangolare (circa 400 g), 170 g di petto di pollo a fettine, 200 g di peperoni grigliati sott'olio in barattolo o surgelati, 80 g di formaggio olandese (Edam o Gouda), olio extravergine, sale, pepe. Tempo: 30 minuti. Spennella le fettine di pollo con un velo d'olio e passale sulla griglia ben calda per 2-3 minuti, a seconda dello spessore. Sala e tieni in caldo. Srotola la base per pizza e mettila in una teglia con la sua carta. Distribuisci sulla superficie i peperoni (sgocciolati o scongelati), il pollo tagliato a striscioline e il formaggio grattugiato con una grattugia a fori grossi. Condisci con sale, pepe e un filo d'olio e cuoci in forno preriscaldato seguendo le istruzioni sulla confezione.

Salsicce incappucciate con sformatino di polenta

Ingredienti per 4 persone: 8 salsicce (circa 600 g in totale), 8 foglie grandi di cavolo cappuccio, 1 spicchio d'aglio, 1 cucchiaio di farina, vino bianco, brodo di carne, 1 cucchiaio di concentrato di pomodoro, 1 cipolla, 100 g di pancetta, 150 g di farina per polenta a cottura rapida, olio extravergine, sale, pepe. Tempo: 45 minuti.

Sbollenta le foglie di cavolo in acqua leggermente salata per 2 minuti, scola e taglia la parte più spessa della costola (assottigliala come se dovessi "sbucciarla"), poi stendile sul tavolo. Disponi su ogni foglia una salsiccia, bucherellata con la forchetta, ripiega i lati verso il centro e arrotola a involtino. Fai rosolare gli involtini con 3 cucchiai d'olio e l'aglio, mettendoli con la parte della chiusura verso il basso per non farli aprire; spolvera con la farina, sfuma con il vino e, quando sarà evaporato, versa 2 mestoli di brodo, il concentrato di pomodoro e aggiungi un pizzico di sale; metti il coperchio e cuoci a fuoco basso per 20-25 minuti. A fine cottura, se il fondo fosse troppo liquido, scola gli involtini e fai restringere a fuoco alto per pochi minuti. Elimina l'aglio e aggiusta di sale e pepe. Nel frattempo prepara la polenta. Soffriggi con 4 cucchiai d'olio la cipolla tritata; quando sarà appassita aggiungi la pancetta a dadini e falla dorare. Cuoci la polenta seguendo le istruzioni sulla confezione e, quando sarà pronta, incorpora il soffritto di cipolla e pancetta, con tutto il fondo di cottura. Mescola per amalgamare, distribuisci il composto in 4 stampini da crème caramel in alluminio leggermente unti e lascia rapprendere la polenta (circa 20 minuti). Rovescia gli stampini direttamente sui piatti e metti accanto gli involtini di salsiccia caldi con il loro sughetto.

Ebbene sì, vi ripropongo i fiori di zucca con ricotta del mio primo libro in una nuova versione davvero irresistibile. Come? Con una cremosissima fonduta di grana che si sposa alla perfezione con il sapore delicato dei fiori di zucca... Una bontà davvero unica!

Fiori di zucca alla ricotta con... fonduta di grana!

NEW

Tempo di preparazione: 25 minuti **Numero di persone:** 4 **Ingredienti e quantità:** 8 fiori di zucca, 150 g di ricotta, 100 g di mozzarella, 60 g di parmigiano grattugiato, 4 foglie di basilico, 150 ml di panna fresca, sale, pepe.

Realizzazione: Pulisci i fiori privandoli del pistillo. Lavora la ricotta con un cucchiaio di parmigiano, le foglie di basilico tagliate fini, la mozzarella ridotta a dadini e il pepe. Riempi i fiori con la crema di ricotta aiutandoti con un cucchiaino (o una tasca da pasticciere se ce l'hai), poi chiudili accuratamente. Adagiali nel cestello per la cottura a vapore e cuocili per 10 minuti. Nel frattempo prepara la fonduta di grana: mescola in un pentolino, a freddo, la panna e il parmigiano rimanente, un pizzico di sale e pepe. Poggia il pentolino su un altro contenente acqua in leggera ebollizione (bagnomaria), scalda e mescola ogni tanto, finché il composto non diventerà cremoso. Servi i fiori irrorati con questa salsa.

Sformato di cavolfiore

Ingredienti per 4 persone: 600 g di cime di cavolfiore, 200 ml di besciamella già pronta, 1 uovo, 50 g di grana grattugiato, 50 g di formaggio Gruyère (o Emmental), 30 g di pangrattato più un po' per la pirofila, noce moscata, olio extravergine, sale, pepe. Tempo: 50 minuti.

Lessa il cavolfiore in acqua salata, scola bene e schiaccia grossolanamente con una forchetta; lascia intiepidire. Aggiungi al cavolfiore la besciamella, l'uovo, il grana, il Gruyère grattugiato con una grattugia a fori grossi, il pangrattato, un pizzico di noce moscata, sale e pepe; amalgama bene e disponi il composto in una pirofila quadrata di circa 20 cm di lato, unta con un filo d'olio e cosparsa di pangrattato. Livella e cospargi di pangrattato anche la superficie, terminando con un giro d'olio. Cuoci in forno preriscaldato a 200° per 25 minuti. Servi caldo.

Carpaccio di funghi in insalata

Ingredienti per 4 persone: 6 funghi champignon grandi, succo di limone, 180 g di formaggio Gruyère (o Emmental), 150 g di prosciutto crudo dolce in un'unica fetta, 200 g di misticanza (misto di insalatine selvatiche e domestiche), 200 g di focaccia, olio extravergine, sale, pepe. Tempo: 15 minuti.

Affetta i funghi a lamelle, gambo compreso. Disponi le fette su un ampio vassoio e condiscile con olio, succo di limone, sale e pepe. Taglia il formaggio a fettine sottili e il prosciutto a dadini e distribuiscili sui funghi. Condisci la misticanza con olio, succo di limone, sale e pepe, e distribuiscila al centro del vassoio con i funghi. Allargala al centro per creare una sorta di cavità in cui disporrai la focaccia tagliata a bocconcini di 2 cm. Servi subito.

Peperoni con miele e aceto balsamico

Ingredienti per 6 persone: 3 peperoni grandi rossi e/o gialli, 100 g di mollica di pane casereccio raffermo, 50 ml di aceto balsamico, 1 cucchiaio di miele, olio extravergine, sale. Tempo: 30 minuti.
Scalda in padella abbondante olio (½ cm di profondità), aggiungi i peperoni a pezzi di circa 3 cm e fai cuocere a fuoco medio, mescolando spesso, finché non saranno morbidi e coloriti sui bordi. Scolali e, nel fondo di cottura, fai soffriggere per qualche minuto la mollica di pane sbriciolata grossolanamente. Mescola l'aceto e il miele con una presa di sale, versa questa mistura nella padella e rimetti dentro anche i peperoni. Fai cuocere ancora 2-3 minuti, a fuoco vivace, poi togli dal fuoco. Servi tiepidi o freddi.

Fricassea di funghi

Ingredienti per 4 persone: 600 g di funghi champignon, prezzemolo, 2 tuorli, succo di 1 limone, 1 noce di burro, 1 cucchiaio di olio extravergine, sale, pepe. Tempo: 20 minuti.
Affetta i funghi e cuocili in padella con il burro e l'olio, a fiamma vivace, mescolando spesso; quando i funghi saranno cotti (8-10 minuti) cospargili con un po' di prezzemolo tritato, un cucchiaio di succo di limone, sale e pepe e abbassa il fuoco al minimo. Sbatti i tuorli con il succo di mezzo limone, sale e pepe. Versa questo composto sui funghi, mescola qualche secondo sul fuoco poi spegni il fornello e lascia riposare, con il coperchio, per 2-3 minuti, in modo che la crema di tuorli si addensi con il calore residuo senza stracciarsi. Servi subito.

Pane frattau agli spinaci

Ingredienti per 4 persone: 300 g di pane carasau (circa 8 fogli), 800 g di spinaci surgelati già scongelati, 2 scalogni, 2 cucchiai di farina, 800 ml di latte, 4 uova, 4 cucchiai di aceto, brodo vegetale, 6 cucchiai di pecorino sardo, 6 cucchiai di parmigiano, 4 cucchiai di olio extravergine, sale, pepe. Tempo: 30 minuti.
Soffriggi gli scalogni tritati con l'olio; quando sa-

ranno appassiti unisci gli spinaci e il sale e cuoci per 5-6 minuti a fuoco medio, mescolando ogni tanto. Con una forbice tagliuzza gli spinaci direttamente nella padella, cospargi con la farina, mescola bene e aggiungi il latte. Fai bollire per circa 2 minuti, finché il latte non si sarà leggermente addensato (dovrai ottenere un composto morbido). Aggiusta di sale e pepe. Nel frattempo prepara le uova in camicia: in un tegame abbastanza largo fai bollire abbondante acqua con l'aceto e una presa di sale. Abbassa il fuoco in modo che l'acqua bolla piano, sguscia le uova, una alla volta, in una piccola ciotola e lasciale scivolare delicatamente nell'acqua: lo scopo è quello di evitare che l'albume si allarghi troppo (deve restare raccolto intorno al tuorlo). Con un cucchiaio riporta sul centro dell'uovo eventuali lembi di albume e fai cuocere per 4 minuti, a bollore leggerissimo. Raccogli le uova con un mestolo forato e mettile su un piatto coperto da un foglio di carta assorbente da cucina; tienile in caldo. Componi il pane frattau direttamente nei piatti: spezza i fogli di pane carasau in 4 parti. Immergili per pochi secondi nel brodo bollente e disponi nei piatti a strati, condendo ogni strato con la crema di spinaci e i formaggi grattugiati. Quando avrai terminato tutti gli strati poggia sopra l'uovo in camicia e completa con un'ultima spolverata di formaggio. Servi subito.

Patate alla carbonara

Ingredienti per 4 persone: 800 g di patate, 120 g di pancetta affumicata, 1 uovo più 1 tuorlo, 1 cucchiaio di parmigiano grattugiato, 1 cucchiaio di pecorino grattugiato, ½ bicchiere di latte, 4 cucchiai di olio extravergine, sale, pepe. Tempo: 35 minuti.
Lessa le patate, sbucciate e tagliate a tocchi, in acqua leggermente salata. Scalda l'olio, aggiungi la pancetta a dadini e, quando sarà ben rosolata, unisci le patate scolate; falle insaporire per qualche minuto. A parte sbatti le uova con i formaggi, il latte, sale e abbondante pepe; versa sulle patate. Mescola brevemente su fuoco basso, in modo da far addensare l'uovo, e servi ben caldo.

Zucca e cipollotti grigliati con salsa al rosmarino

Ingredienti per 4 persone: 400 g di zucca pulita, 8 cipollotti, 100 g di yogurt greco intero, 50 g di maionese, ½ limone non trattato, 2 rametti di rosmarino, ½ spicchio d'aglio, olio extravergine, sale, pepe. Tempo: 30 minuti.
Mescola lo yogurt con la maionese, la scorza grattugiata e il succo del limone, il rosmarino finemente tritato, l'aglio schiacciato con lo spremiaglio (puoi regolare la quantità, in più o in meno, secondo i tuoi gusti), sale e

pepe. Copri e tieni in frigorifero. Scalda molto bene la griglia (dovrà essere caldissima) e nel frattempo taglia la zucca a fette di ½ cm di spessore e i cipollotti a metà per il lungo (lascia attaccato il gambo, fin dove è verde chiaro). Spennella leggermente con olio le verdure preparate e grigliale su entrambi i lati, finché non saranno tenere. Servile con la salsa preparata. Questa salsa si adatta molto bene anche al pollo grigliato; in questo caso, se vuoi, puoi sostituire lo yogurt con altrettanta maionese.

Insalata di barbabietole rosse e noci

Ingredienti per 4 persone: 500 g di barbabietole rosse già lessate, 80 g di maionese, 2 cucchiai di yogurt bianco intero, ½ spicchio d'aglio, 100 g di gherigli di noce, sale. Tempo: 10 minuti.

Mescola la maionese con lo yogurt, un pizzico di sale e lo spicchio d'aglio schiacciato (puoi regolare la quantità di aglio in più o in meno, secondo i tuoi gusti). Taglia le barbabietole a bastoncini di circa 1 cm di spessore, condiscile con la maionese preparata, le noci spezzettate (lascia da parte qualche gheriglio intero) e il sale. Mescola delicatamente, disponi l'insalata in un piatto e decora la superficie con i gherigli tenuti da parte.

Spinaci alle acciughe

Ingredienti per 4 persone: 800 g di spinaci puliti, 1 spicchio d'aglio, 30 g di filetti di acciuga sott'olio già sgocciolati, 1 noce di burro, 2 cucchiai di olio extravergine, sale, pepe. Tempo: 20 minuti.

Cuoci gli spinaci con la sola acqua dell'ultimo risciacquo, poi scolali e strizzali. Scalda in una padella il burro con l'olio e fai soffriggere lo spicchio d'aglio tagliato a metà. Quando sarà imbiondito toglilo e sciogli nella padella, a fuoco basso, le acciughe. Aggiungi gli spinaci e una macinata di pepe e lascia insaporire per 5 minuti, mescolando e muovendo con un forchettone per distribuire uniformemente il condimento. Regola di sale e servi caldo.

Fagiolini al sesamo

Ingredienti per 4 persone: 600 g di fagiolini, 2 cucchiai di semi di sesamo, 1 noce di burro, 2 cucchiai di olio extravergine, sale. Tempo: 30 minuti.

Lessa i fagiolini in acqua salata e scolali al dente (10-15 minuti, a seconda della grandezza). Tosta i semi di sesamo in una padellina senza condimenti per qualche minuto, a fuoco alto e girandoli molto spesso. Quando si saranno scuriti e faranno il caratteristico profumo sono pronti. A parte sciogli il burro con l'olio e, quando il burro inizia a spumeggiare, aggiungi i fagiolini. Falli insaporire per 5 minuti a fuoco medio, disponili in un piatto di portata e cospargili con i semi di sesamo tostati.

Insalata mista al finocchietto

Ingredienti per 4 persone: 400 g di fagioli cannellini già lessati, 150 g di tonno in scatola al naturale sgocciolato, 70 g di formaggio Gruyère (o Emmental), 3 coste di sedano prese dal cuore, 30 g di olive nere snocciolate, 1 cipollotto piccolo, 4 cucchiai di aceto di vino bianco, 1 cucchiaio di succo di limone, 1 ciuffo di finocchietto o barbine di finocchio, 1 piccolo cespo di lattuga, 4 cucchiai di olio extravergine, sale, pepe. Tempo: 15 minuti.
Metti in una ciotola i fagioli, il tonno spezzettato e il formaggio a dadini. Taglia a rondelle il sedano, le olive e il cipollotto (quest'ultimo un po' più sottile degli altri) e mescolali delicatamente agli ingredienti nella ciotola. A parte emulsiona, sbattendo insieme, l'olio, l'aceto, il succo di limone, il finocchietto tritato, sale e pepe. Disponi su un largo piatto la lattuga tagliata in pezzi, sistema sopra il resto degli ingredienti preparati e irrora tutto con il condimento, distribuendolo uniformemente.

... se è vero che tutto ciò che è buono o è illegale o ingrassa, questa ricetta facile e veloce dice l'esatto contrario. Perciò, cara Antonella, tra un piatto e l'altro della "Prova del Cuoco", prova ad assaporare questo delizioso piatto unico... unico come te!

Simone e Mita

SPECIAL GUEST: SIMONE E MITA

Insalata con gamberi e zucchine

Tempo di preparazione: 30 minuti Numero di persone: 4
Ingredienti e quantità: 16 code di gambero, 80 g di insalata mista, 1 avocado, succo di 1 limone, 6 zucchine, 1 costa di sedano bianco, olio extravergine, sale, pepe.
Realizzazione: Pulisci i gamberi, sgusciali e lavali. Mettili in una ciotola e condisci con un cucchiaio di olio. Lava l'insalata. Taglia a metà l'avocado, elimina il nocciolo e sbuccialo, riduci la polpa a dadini, bagna con il succo di mezzo limone, perché non annerisca, e trasferiscilo in una ciotola. Aggiungi le zucchine a dadini e il cuore del sedano a rondelle. Suddividi l'insalata nei piatti e disponi sopra le zucchine, il sedano e l'avocado. Versa il succo di limone rimasto in un barattolo di vetro con un pizzico di sale, pepe e 4 cucchiai di olio. Chiudi il barattolo e agita per emulsionare. Scalda una griglia, cuoci le code di gambero per circa 1 minuto per lato, lascia intiepidire e poi disponi al centro delle insalate. Condisci con la salsa al limone.

Indivia belga al limone

Ingredienti per 4 persone: 4 cespi di indivia belga, 1 limone non trattato, 4 bacche di ginepro, 1 foglia di alloro, olio extravergine, sale, pepe. Tempo: 20 minuti + 30 minuti di riposo.

Taglia l'indivia in 4 spicchi, spennellali con poco olio e passali sulla griglia ben calda finché non saranno morbidi. A parte mescola 8 cucchiai d'olio con 3 cucchiai di succo di limone e un'abbondante grattugiata di scorza, le bacche di ginepro, l'alloro e una macinata di pepe. Sbatti bene con una forchetta. Allinea gli spicchi di indivia grigliati in una pirofila, salali e ricoprili con il condimento preparato. Coprili e falli riposare per almeno mezz'ora prima di servire, rigirandoli ogni tanto nel condimento. Con lo stesso olio aromatizzato puoi insaporire una bistecca, oppure del pesce bianco grigliato o cotto al vapore.

Radicchio e mele all'aceto

Ingredienti per 4 persone: 2 cespi di radicchio tondo di Chioggia non troppo grandi, ½ cipolla, 1 mela Golden, aceto di mele, 4 cucchiai di olio extravergine, sale, pepe. Tempo: 20 minuti.

Taglia ciascun cespo di radicchio in 8 spicchi, lasciando il torsolo in modo che le foglie restino attaccate. Soffriggi la cipolla tritata con l'olio e, quando sarà appassita, aggiungi il radicchio e la mela, sbucciata e tagliata in 8 spicchi. Cuoci a fuoco medio-alto finché non vedrai che il radicchio inizia ad appassire, sfuma con 6 cucchiai di aceto, aggiungi una presa di sale e continua la cottura a fuoco medio, con il coperchio, per 5-6 minuti, finché il radicchio non sarà cotto (non deve spappolarsi, ma solo ammorbidirsi). Irrora con altri 2 cucchiai di aceto, spolvera con una macinata di pepe e servi.

Pizza del vescovo

Ingredienti per 2 persone: 1 rotolo di base per pizza fresca rettangolare (circa 400 g), 250 g di polpa di pomodoro in scatola, origano secco, 60 g di olive verdi farcite al peperone, 75 g di pancetta affumicata affettata sottile, 150 g di scamorza, olio extravergine, sale, pepe. Tempo: 20 minuti.

Srotola la base per pizza e mettila su una teglia con la sua carta. Stendi il pomodoro su tutta la superficie, condisci con una presa di sale, una di origano e una macinata di pepe; distribuisci sul pomodoro le olive a rondelle, la pancetta affettata e infine la scamorza a fettine. Completa con un filo d'olio e inforna seguendo le istruzioni sulla confezione.

Tortino di patate e finocchi

Ingredienti per 4 persone: 500 g di patate, 600 g di finocchi con le barbine, 120 g di formaggio Asiago, 3 uova, 150 ml di panna fresca, 1 cucchiaio di senape dolce, sale, pepe. Tempo: 50 minuti.

Lessa separatamente in acqua salata le patate (sbucciate) e i finocchi, entrambi tagliati a fette di circa ½ cm. Quando saranno cotti scolali e versali in una pirofila rivestita di carta da forno. Taglia il formaggio a dadini e distribuiscilo fra i pezzi di verdura. A parte sbatti le uova con la panna, la senape, le barbine dei finocchi tritate (ne occorrono almeno 2 cucchiai), sale e pepe. Versa il composto sulle verdure facendolo penetrare fra i pezzi e cuoci in forno preriscaldato a 190° per 30 minuti o finché non si sarà formata una crosticina dorata. Servi tiepido.

Ceci alla contadina

Ingredienti per 4 persone: 400 g di ceci già lessati, 3 pomodori maturi a grappolo, 1 cipollotto, 100 g di salame affettato, 80 g di olive nere snocciolate, 2 coste di sedano prese dal cuore, 70 g di pecorino semistagionato, olio extravergine, sale, pepe. Tempo: 10 minuti.

In una ciotola versa i ceci ben sgocciolati, i pomodori

privati dei semi e tagliati a pezzetti, il cipollotto ad anelli sottili, il salame tagliato a quadratini, le olive a rondelle e il sedano a fettine. Condisci con olio, sale e pepe, mescola e completa con il pecorino a scaglie.

Carote e cavolini in crema

Ingredienti per 4 persone: 400 g di carote, 400 g di cavolini di Bruxelles, ½ cipolla, 1 foglia di alloro, farina, brodo vegetale, 4 cucchiai di yogurt greco intero, 100 g di arachidi non salate e già sgusciate, 1 noce di burro, 3 cucchiai di olio extravergine, sale, pepe.
Tempo: 35 minuti.
Fai appassire la cipolla tritata con l'olio, aggiungi i cavolini tagliati a metà, le carote a rondelle di 1 cm di spessore e la foglia di alloro; fai insaporire per qualche minuto, mescolando. Sala leggermente, aggiungi il burro e, quando è sciolto, mezzo cucchiaio di farina; amalgama e versa brodo bollente fino a coprire le verdure a filo. Cuoci a fuoco medio, con il coperchio, per 15-20 minuti, finché le verdure non saranno tenere; aggiungi lo yogurt e fai insaporire ancora un paio di minuti. Se a fine cottura il sughetto fosse ancora liquido, scola le verdure con un mestolo forato, fallo restringere per 2-3 minuti a fuoco alto, poi rimetti dentro le verdure. Togli dal fuoco, unisci le arachidi intere e servi.

Un buon menu non è tale senza un contorno speciale! E queste gustose verdurine, abbinate al tuo tacchino tonnato, farebbero un'accoppiata da urlo! Grande Anto!

Simone e Mita

SPECIAL GUEST: SIMONE E MITA

Verdure grigliate con salsa di crescenza

Tempo di preparazione: 30 minuti Numero di persone: 4

Ingredienti e quantità: 4 pomodori perini, 3 zucchine, 2 patate medie, 3 cipollotti, 100 g di crescenza, 1 rametto di maggiorana, ½ vasetto di yogurt bianco intero, olio extravergine, sale, pepe.

Realizzazione: Dividi i pomodori a metà nel senso della lunghezza; affetta le zucchine sottilmente per il lungo. Sbuccia le patate, tagliale a fette di 3-4 mm di spessore e mettile a bagno in acqua fredda per una decina di minuti; asciuga con carta da cucina, condisci con 2 cucchiai d'olio e cuoci sulla piastra non troppo calda, 5 minuti circa per lato. Cuoci anche i pomodori, 2 minuti per parte, poi condisci i cipollotti e le zucchine con un cucchiaio di olio e passali sulla piastra 1 minuto per lato. Metti nel mixer la crescenza, le foglie di maggiorana, sale, pepe, 3 cucchiai d'olio e lo yogurt e frulla fino a ottenere una crema omogenea. Trasferisci in una ciotola e servi con le verdure.

Cavolfiore con acciughe e capperi

Ingredienti per 4 persone: 800 g di cavolfiore, 1 spicchio d'aglio, peperoncino (facoltativo), 40 g di filetti di acciuga sotto sale, 60 g di pangrattato, 30 g di capperi sotto sale, 4 cucchiai d'aceto di vino bianco, 4 cucchiai di olio extravergine, sale. Tempo: 25 minuti.

Lessa il cavolfiore, diviso in cimette, in acqua leggermente salata per 8-9 minuti: devono rimanere compatte e non disfarsi. Nel frattempo prepara un soffritto con l'olio, lo spicchio d'aglio tagliato a metà e il peperoncino; quando l'aglio inizierà a colorirsi aggiungi le acciughe dissalate e falle sciogliere a fuoco basso, poi unisci il pangrattato e i capperi dissalati, asciugati e tritati grossolanamente. Prosegui la cottura a fuoco basso per 4-5 minuti, sempre mescolando, infine elimina aglio e peperoncino e unisci il cavolfiore ben scolato. Fai insaporire a fuoco medio per 5 minuti, regola di sale, versa l'aceto e servi la preparazione calda o tiepida. Per riutilizzare eventuali "avanzi" di questo piatto, trita il tutto grossolanamente, mescolalo con un po' di besciamella e usa questa crema per condire della pasta corta lessata al dente. Disponila in una pirofila, cospargi di pangrattato e pecorino e passa in forno ben caldo per dorare la superficie.

Zuppa di ceci in zimino

Ingredienti per 4 persone: 450 g di ceci già lessati, ½ cipolla, 2 spicchi d'aglio, 5-6 filetti di acciuga sotto sale, 300 g di bieta da foglia (erbette), 1,3 l d'acqua, 3 pomodori pelati in scatola, 1 cucchiaino di concentrato di pomodoro, 4 fette di pane sciapo (possibilmente toscano), pecorino grattugiato, olio extravergine, sale, pepe. Tempo: 40 minuti.

Scalda 4 cucchiai di olio con la cipolla affettata sottile e uno spicchio d'aglio tagliato a metà; quando saranno coloriti aggiungi le acciughe ben dissalate e falle sciogliere a fuoco basso. Metti in pentola anche i ceci e la bieta tagliata a tranci di 2 cm, fai insaporire qualche minuto e aggiungi l'acqua, i pelati spezzettati e il concentrato di pomodoro. Fai bollire a fuoco medio, con il coperchio, per 30 minuti: la zuppa dovrà insaporirsi e addensarsi un po'. A fine cottura aggiusta di sale e pepe. Taglia a metà le fette di pane, tostale sotto il grill del forno o su una bistecchiera, strofinale con l'altro spicchio d'aglio e condiscile con un filo d'olio. Lasciale riposare mentre cuoce la zuppa. Disponi le fette di pane nelle fondine e copri con la zuppa bollente. Completa con un filo d'olio, il pecorino, una macinata di pepe e servi subito.

Gratin di patate e porri al profumo di alloro

Ingredienti per 6 persone: 1 kg di patate, 3 porri, 350 ml di panna fresca, 200 ml di latte, 2 foglie di alloro, noce moscata, 150 g di formaggio Brie (o Camembert), 4 cucchiai di grana grattugiato, burro, sale, pepe. Tempo: 1 ora e 20 minuti.

Mescola la panna e il latte, aggiungi il sale, l'alloro, una grattugiata di noce moscata e scalda senza far bollire. Spegni e fai riposare per 15 minuti, coperto. Intanto affetta i porri e le patate sbucciate a rondelle sottili (3 mm); imburra una pirofila a bordi alti di circa 22x32 cm e componi gli strati alternando fette di patate, leggermente sovrapposte, e porri, salando e pepando ogni strato. Quando avrai preparato circa metà degli strati disponi sui porri la metà del formaggio, a fiocchetti; continua con patate e porri e di nuovo il restante formaggio, a fiocchetti, sull'ultimo strato di porri. Elimina l'alloro e versa il latte e la panna nella pirofila, sulle patate. Cospargi con il grana grattugiato, copri con un foglio di alluminio, bucherellalo con la punta di un coltello in 2 o 3 punti e cuoci in forno preriscaldato a 200° per 50 minuti; togli il foglio di alluminio e rimetti in forno per 10 minuti, finché non si sarà formata una crosticina dorata in superficie (verifica la cottura delle patate infilzandole con un coltello). Servi caldo.

Tortino di pane carasau con carne e zucchine

Ingredienti per 6 persone: 150 g di pane carasau (circa 4 fogli), 1 cipolla bianca grande, 500 g di carne di manzo tritata, 200 ml di besciamella già pronta, 4 uova, 750 g di zucchine grigliate surgelate e già scongelate, olio extravergine, sale, pepe. Tempo: 45 minuti.

Affetta sottilmente la cipolla e falla appassire in 3 cucchiai d'olio; aggiungi la carne tritata, falla rosolare sgranandola con un cucchiaio di legno. Quando sarà cotta (6-7 minuti) lasciala intiepidire, poi aggiungi la besciamella e 3 uova. Mescola bene e regola di sale e pepe. Ungi una teglia e fai uno strato di fette di zucchina; salale, distribuisci sopra una parte del composto di carne e pezzi di pane carasau. Continua con le zucchine, la carne e prosegui allo stesso modo fino a esaurire gli ingredienti. Termina con uno strato di zucchine, sbatti l'uovo rimasto con un pizzico di sale e versalo sul tortino. Cuoci in forno preriscaldato a 190° per 30 minuti e servi tiepido. In alternativa puoi realizzare questo piatto con la stessa quantità di melanzane grigliate.

Maelle si diverte tantissimo ad arrotolare queste tagliatelle di frittata intorno alla forchetta: e tra un boccone e una risatina riesco a infilarci anche un pezzetto di prosciutto e un mezzo fagiolino. Volendo posso anche "nascondere" qualche verdurina nella frittata, e il più delle volte non se ne accorge!

RICETTA PER MAELLE

Finte tagliatelle di frittata

Tempo di preparazione: 30 minuti Numero di persone: 4 (o 6 bimbi) Ingredienti e quantità: 6 uova, 1 scalogno, ½ carota, ½ costa di sedano, 500 g di passata di pomodoro, 50 g di prosciutto crudo dolce affettato spesso, parmigiano grattugiato, 250 g di focaccia, burro, 3 cucchiai di olio extravergine, sale.

Realizzazione: Trita le verdure e soffriggile con l'olio; quando saranno morbide versa il pomodoro e cuoci per 10 minuti, unendo poca acqua se necessario. Aggiungi il prosciutto tritato e cuoci ancora per 5 minuti. Aggiusta di sale. Sbatti le uova con una presa di sale, scalda una padellina con poco burro e versaci una parte del composto: dovrai ottenere una frittatina sottile. Girala per farla cuocere anche sull'altro lato. Prosegui finché non avrai esaurito le uova. Arrotola le frittatine e affettale in modo da ricavare delle "tagliatelle" larghe circa 1 cm. Versale nel sugo, mescola ϖe spolvera con parmigiano. Servi con la focaccia a bastoncini e un contorno di fagiolini.

Dolci

Coppa di macedonia, panna e yogurt

Ingredienti per 6 persone: 400 g di kiwi, 400 g di pere Williams, 400 g di pesche bianche o gialle, 400 g di banane, 250 ml di panna fresca, 250 g di yogurt greco intero, scorza grattugiata di ½ limone non trattato, 8 cucchiai di zucchero di canna. Tempo: 15 minuti + 2 ore di raffreddamento.

Sbuccia la frutta, che deve essere tutta ben matura e morbida, tagliala a dadini e mettila in un contenitore a bordi alti, non svasati (per esempio uno stampo da soufflé). Monta la panna e incorpora lo yogurt e la scorza grattugiata del limone, usando una spatola, con movimenti dal basso verso l'alto per non smontarla. Ricopri la frutta preparata con la panna allo yogurt, formando uno spesso strato, livellalo e cospargi la superficie con lo zucchero di canna. Metti in frigorifero a raffreddare per 2 ore prima di servire.

Mousse al caffè cappuccino

Ingredienti per 2 persone: 32 vaschette di Gran Soleil Caffè Cappuccino, 1 albume, 1 cucchiaio di zucchero, 1 foglio di gelatina alimentare. Tempo: 10 minuti + 2 ore di raffreddamento.

Scalda in un pentolino le 2 vaschette di Gran Soleil Caffè Cappuccino a 45° e aggiungi la gelatina precedentemente ammorbidita in acqua. Mentre lasci raffreddare monta a neve l'albume con lo zucchero e incorpora delicatamente il tutto. Infine versa il contenuto in 2 coppette e lascia rapprendere in frigorifero per circa 2 ore prima di servire.

Frutti di bosco in gelatina al Moscato

Ingredienti per 4 persone: 10 g di gelatina alimentare in fogli, ½ l di Moscato secco, 60 g di zucchero, 1 pezzetto di cannella in stecca, 200 g di frutti di bosco misti (fragoline, mirtilli, lamponi, more ecc.). Tempo: 30 minuti + 3 ore di raffreddamento.

Metti la gelatina a bagno in acqua fredda per 10 minuti. Porta a bollore il vino con lo zucchero e la cannella; dopo 5 minuti spegni il fuoco, elimina la cannella, unisci la gelatina ben strizzata e mescola per farla sciogliere. Lascia intiepidire. Distribuisci i frutti di bosco in 4 coppette e versa sopra la gelatina di vino appena tiepida. Metti in frigorifero e fai rapprendere per 3 ore. Decora a piacere, per esempio con foglioline di menta fresca.

Cupcake con glassa al cioccolato

Ingredienti per 12 cupcake: 200 g di farina più un po' per gli stampini, 200 g di zucchero, 1 cucchiaino e ½ di lievito in polvere per dolci, 1 pizzico di sale, 110 g di burro più un po' per gli stampini, 1 uovo più 2 tuorli, alcune gocce di essenza di vaniglia, 120 g di yogurt bianco intero. Per la glassa: 220 ml di panna fresca, 220 g di cioccolato fondente. Tempo: 50 minuti + il tempo di raffreddamento.

Metti nel mixer la farina, lo zucchero, il lievito e il sale e dai un colpo di lame per miscelarli. Aggiungi il burro ammorbidito, a pezzetti, l'uovo, i tuorli, l'essenza di vaniglia e lo yogurt. Frulla per circa 30 secondi, finché l'impasto non apparirà liscio e setoso. Imburra e infarina 12 stampini da muffin e versa il composto, avendo cura di non riempirli oltre i due terzi. Cuoci in forno preriscaldato a 180° per 20-25 minuti (fai la prova stecchino per verificare la cottura: infilzato al centro del dolcetto dovrà uscirne asciutto). Estrai dal forno e fai raffreddare completamente su una gratella. Prepara la glassa: metti a scaldare la panna senza farla bollire. Trita il cioccolato in una terrina e versaci sopra la panna calda; mescola finché il cioccolato non sarà completamente fuso. Fai raffreddare completamente e monta la glassa con le fruste elettriche (attenzione: se il composto non è ben freddo la glassa non monta; eventualmente mettila un po' in frigorifero e poi riprendi a montare). Spalma uno spesso strato di glassa sui dolcetti usando una spatola o una tasca da pasticceria e servili, eventualmente decorando la glassa con codette o zuccherini colorati. Questi cupcake sono molto morbidi e risultano ottimi anche senza la glassatura, magari per la colazione del mattino.

Mousse di mele renette

Ingredienti per 4 persone: 300 g di mele renette, 2 cucchiai di succo di limone, 120 g di zucchero, 2 cucchiai di Brandy o Cognac, 125 ml di panna montata, 2 cucchiai di uvetta. Tempo: 35 minuti + il tempo di raffreddamento.
Taglia a pezzi piccoli le mele sbucciate, irrorale con il succo di limone e cuocile con lo zucchero, a fuoco medio, mescolando spesso. Quando saranno tenere (10-15 minuti) aggiungi il Brandy, cuoci ancora per 1 minuto in modo che l'alcol possa evaporare e togli dal fuoco. Frulla fino a ottenere una crema liscia e fai raffreddare. Poco prima di servire amalgama la panna montata alla composta di mele, distribuisci la mousse in 4 coppette e guarnisci con l'uvetta ammorbidita in acqua tiepida e asciugata.

Una specie di esame di laurea per chi si cimenta con la pasticceria casalinga. Io l'ho provata... e chi l'ha assaggiata mi ha promosso a pieni voti. Provateci anche voi, ve la consiglio!

1° LE TOP DI CASA CLERICI

Mousse al cioccolato bianco con... i lamponi!

NEW

Tempo di preparazione: 40 minuti + 2 ore di riposo **Numero di persone:** 4 **Ingredienti e quantità:** 580 ml di panna fresca, 30 g di zucchero, 8 g di gelatina alimentare in fogli, 280 g di cioccolato bianco tagliato a scaglie, 250 g di lamponi, succo di 1 limone.

Realizzazione: Porta a bollore 100 ml di panna fresca con 20 g di zucchero, aggiungi la gelatina in fogli (ammollata in acqua fredda e strizzata) e il cioccolato. Mescola il tutto, poi fai raffreddare finché non è tiepido. A parte monta la panna restante e incorporala al composto di panna e gelatina, mescolanado lentamente dall'alto verso il basso, in modo da non smontarla. Riempi 4 coppette con questa mousse e falle riposare in frigorifero per almeno 2 ore. Intanto condisci i lamponi con succo di limone e il resto dello zucchero e lasciali macerare in frigorifero per almeno 20 minuti. Quando la mousse si sarà rappresa, coprila con i lamponi macerati e schiacciati leggermente con la forchetta e servila fresca. La mousse può essere preparata il giorno prima e dura un paio di giorni in frigorifero (in questo caso però è importante coprire le coppette con pellicola per alimenti).

Torta al supercioccolato

Ingredienti per 8-10 persone: 300 g di cioccolato fondente, 80 g di burro più un po', 230 g di zucchero, 4 uova, 270 g di farina, 50 g di cacao amaro, ½ bustina di lievito in polvere per dolci, ½ cucchiaino di bicarbonato, 1 cucchiaino di cannella in polvere, ½ cucchiaino di zenzero in polvere, 130 ml di latte, 3 cucchiai di olio di semi.
Tempo: 1 ora e 20 minuti.
Trita il cioccolato e scioglilo a bagnomaria (in un pentolino che poggerai sopra un altro contenente acqua in leggerissima ebollizione). Lavora con le fruste elettriche il burro morbido con lo zucchero e aggiungi le uova, sbattendo bene il composto tra un uovo e l'altro. Setaccia insieme la farina con il cacao, il lievito, il bicarbonato e le spezie e unisci la metà di questa miscela al composto di uova. Sbatti ancora e, senza spegnere le fruste, incorpora il cioccolato fuso intiepidito, il latte e l'olio. Aggiungi le polveri rimaste e, quando l'impasto sarà liscio e omogeneo, versalo in una tortiera del diametro di 24 cm imburrata e rivestita di carta da forno. Cuoci in forno preriscaldato a 180° per 1 ora (infilza uno stecchino al centro della torta prima di sfornarla: dovrà uscirne asciutto). Puoi accompagnare questa torta con panna montata.

Strudel alle more

Ingredienti per 6 persone: 2 mele, 250 g di more, 1 cucchiaio di succo di limone, 3 cucchiai di zucchero più un po' per cospargere, 3 cucchiai di marmellata di albicocche (o altra), 1 rotolo di pasta sfoglia fresca rettangolare, 6 savoiardi. Tempo: 45 minuti.

Sbuccia le mele e tagliale a dadini, mettile in una terrina con le more, il succo di limone, lo zucchero e la marmellata. Mescola delicatamente il tutto. Srotola la pasta sfoglia lasciando sotto la carta che normalmente si trova nella confezione, sbriciola sopra prima i savoiardi e poi distribuisci il composto di frutta (lascia libero un bordo di 2 cm tutto intorno). Aiutandoti con la carta arrotola lo strudel per il lato lungo, senza stringerlo troppo; la chiusura dovrà trovarsi sotto, in modo che non si apra in cottura. Sigilla le estremità premendole insieme e rincalzandole sotto lo strudel. Solleva lo strudel con tutta la carta e ponilo su una placca da forno. Spennellalo con acqua e cospargilo con lo zucchero. Cuoci in forno preriscaldato a 190° per 35 minuti, finché la pasta non apparirà ben dorata. Servi tiepido o freddo. Al posto delle more puoi usare frutti di bosco misti (lamponi, mirtilli, fragoline ecc.), e servire lo strudel con gelato allo zabaione.

Cake speziato al miele

Ingredienti per 6-8 persone: 260 g di farina, 1 cucchiaino di lievito in polvere per dolci, 1 cucchiaino di bicarbonato, 1 cucchiaino di sale, ½ cucchiaino di cannella in polvere, 1 cucchiaino di zenzero in polvere, 1 grattugiata di noce moscata, 170 g di miele, 1 uovo, 250 ml di latte. Tempo: 1 ora e 15 minuti.
Metti in una larga terrina la farina, il lievito, il bicarbonato, il sale e le spezie; mescola poi aggiungi il miele, l'uovo sbattuto e il latte. Con una frusta elettrica inizia a lavorare l'impasto e prosegui per 20 minuti (la lunga lavorazione è il segreto della morbidezza di questo dolce). Versa il composto in uno stampo da plum-cake di 22x11 cm, rivestito di carta da forno, e cuoci in forno preriscaldato a 180° per 50 minuti. Estrai il cake dallo stampo e fai raffreddare completamente su una gratella prima di servire.

Toast dolce con banane al caramello

Ingredienti per 4 persone: 2 cucchiai di burro, 2 cucchiai di zucchero, 2 banane mature e sode, 4 fette di pane briosciato in cassetta, 60 g di caramello già pronto, 12 gherigli di noce, panna montata. Tempo: 15 minuti.
Sciogli in padella il burro, unisci lo zucchero e, dopo pochi

secondi, le banane sbucciate, intere. Falle insaporire 2 minuti per ogni lato, voltandole delicatamente con una paletta. Tosta le fette di pane briosciato nel tostapane (o sotto il grill del forno) e disponile nei piatti. Quando le banane saranno pronte dividile a metà per il lungo e poi ancora a metà nell'altro verso. Appoggia su ogni fetta di pane 2 fette di banana, copri con il caramello, un grosso ciuffo di panna montata e completa con i gherigli di noce sbriciolati con le mani. Servi subito.

Crema di ricotta e pere

Ingredienti per 4 persone: 300 g di ricotta, 150 g di marmellata di pere, 2 cucchiai di grappa alle pere, 4 cucchiai di mandorle a lamelle, 1 pera Williams piccola.
Tempo: 20 minuti.
In una terrina lavora la ricotta con una spatola per renderla liscia e cremosa, aggiungi la marmellata e la grappa e amalgama bene. Tosta le lamelle di mandorle sotto il grill del forno per pochi minuti, finché non saranno dorate. Distribuisci la crema in 4 coppette e tienile in frigorifero fino al momento di servire. Guarnisci ogni coppetta con le lamelle di mandorle tostate e alcune fettine di pera non sbucciata. Puoi accompagnare questa crema con amaretti o altri biscotti secchi.

È la grande specialità di mia sorella Cristina. Messa a punto dopo aver imparato la ricetta originale della mamma, questa nuova versione ha alcune varianti che la rendono strepitosa, sia dal punto di vista del gusto che da quello della presentazione. Un dolce che farà felice gli amici che verranno a trovarvi.

1° LE TOP DI CASA CLERICI

NEW

Tiramisù... con pesche e amaretti!

Tempo di preparazione: 25 minuti + il tempo di raffreddamento
Numero di persone: 4-6 Ingredienti e quantità: 2 uova, 3 cucchiai di zucchero, 250 g di mascarpone, 250 g di pesche sciroppate già sgocciolate, 20 amaretti secchi, biscotti Pavesini.
Realizzazione: Separa i tuorli dagli albumi, lavora i primi con lo zucchero, poi aggiungi il mascarpone e infine gli albumi che avrai montato a neve. In una teglia stendi uno strato di crema, distribuisci sopra un po' di pesche tagliate a fettine e qualche amaretto sbriciolato. Prosegui con uno strato di Pavesini spruzzati leggermente con lo sciroppo delle pesche, poi ancora uno strato di crema, fettine di pesca, amaretti e un nuovo strato di Pavesini spruzzati e così via fino a esaurimento degli ingredienti. Sbriciola sull'ultimo strato gli amaretti rimasti, come decorazione. Trasferisci in frigorifero a rassodare e servi abbastanza freddo.

Muffin integrali con uvetta

Ingredienti per 12 muffin: 130 g di farina 00, 90 g di farina integrale, 1 cucchiaio di lievito in polvere per dolci, ½ cucchiaino di sale, 2 cucchiai di zucchero, 1 uovo, 250 ml di latte, 50 g di burro, 55 g di uvetta. Tempo: 35 minuti.

Mescola le farine, il lievito, il sale e lo zucchero. Aggiungi l'uovo sbattuto, il latte, il burro fuso e l'uvetta (ammorbidita in acqua tiepida), e mescola solo il minimo necessario per intridere gli ingredienti. È importante che l'impasto non risulti liscio, ma un po' granuloso. Imburra 12 stampini per muffin e riempili per due terzi con l'impasto. Cuoci in forno preriscaldato a 190° per 20-25 minuti. Lascia intiepidire i muffin prima di toglierli dagli stampini.

Sfogliata alla crema di mandorle

Ingredienti per 8-10 persone: 125 g di burro, 150 g di zucchero a velo, 150 g di farina di mandorle, 2 uova più 1 tuorlo, 2 cucchiai di liquore all'amaretto, 1 pizzico di sale, 2 rotoli di pasta sfoglia fresca rotonda. Tempo: 50 minuti.

Fai ammorbidire il burro e lavoralo con le fruste elettriche insieme allo zucchero a velo, fino a ottenere una crema soffice. Aggiungi la farina di mandorle, le 2 uova intere, il liquore e il sale. Stendi un disco di pasta sfoglia su una placca rivestita con carta da forno, ricoprila con la crema di mandorle lasciando libero un bordo tutto intorno. Spennella il bordo libero con poca acqua e copri con il secondo disco di pasta sfoglia. Sigilla i bordi, spennella la superficie con il tuorlo rimasto, diluito con un cucchiaino d'acqua, e cuoci in forno preriscaldato a 220° per 30 minuti. Fai raffreddare prima di servire.

Crostata all'ananas

Ingredienti per 8 persone: 1 uovo più 1 tuorlo, 70 g di zucchero, 1 pizzico di sale, 15 g di farina, 100 ml di panna fresca, ½ bicchierino di Limoncello, 500 g di ananas sciroppato sgocciolato, 40 g di gherigli di noce, 1 panetto di pasta frolla pronta (450 g). Tempo: 1 ora. Mescola con una frusta le uova, lo zucchero, il sale e la farina, la panna e il liquore. Unisci l'ananas a pezzettini, strizzato con le mani, e i gherigli di noce divisi a metà; mescola bene. Stendi la pasta frolla in una teglia a bordi bassi di 24 cm di diametro, ritaglia l'eccedenza e riempila con il composto. Con la pasta avanzata forma una griglia di striscioline sulla crostata e cuocila in forno preriscaldato a 180° per 45 minuti, finché non sarà dorata. Falla raffreddare completamente prima di servire.

Torta gelato al caffè

Ingredienti per 10 persone: 80 ml di acqua, 100 g di zucchero, 180 ml di caffè, 40 ml di liquore al caffè, 1 pan di Spagna da 22 cm di diametro, 800 g di gelato al caffè, 800 g di gelato alla crema, 5 cucchiai di caffè solubile.
Tempo: 30 minuti + 2 ore di raffreddamento.
Prepara lo sciroppo: porta a bollore l'acqua con lo zucchero, togli dal fuoco e versa il caffè e il liquore. Lascia raffreddare. Taglia il pan di Spagna a metà orizzontalmente, ottenendo 2 dischi. Sistema un disco su un piatto da portata, spennellalo con lo sciroppo e spalma sopra il gelato al caffè (lascialo un po' fuori dal freezer, mescolandolo spesso con una spatola per farlo ammorbidire). Copri con il secondo disco di pan di Spagna, spennella anche questo con lo sciroppo e poi trasferisci in freezer per 30 minuti. Nel frattempo lascia ammorbidire il gelato alla crema, aggiungi il caffè solubile e mescola velocemente per distribuire i granelli senza farli sciogliere troppo. Estrai la torta dal freezer, spalma sopra il gelato alla crema e rimetti in freezer a rassodare (circa 2 ore). Prima di servire puoi guarnire la torta a piacere con panna montata, cioccolato fondente tritato o praline al caffè.

Torta sprint alla frutta

Ingredienti per 6 persone: 130 g di farina, 50 g di zucchero, 2 cucchiaini rasi di lievito in polvere per dolci, 1 pizzico di sale, 50 g di burro più un po' per la teglia, 1 uovo, 60 ml di latte, 2 pesche, 80 g di lamponi, 50 g di zucchero di canna grezzo, ½ cucchiaino di cannella in polvere, noce moscata. Tempo: 45 minuti.

In una terrina mescola la farina, lo zucchero, il lievito e il sale. Aggiungi il burro freddo tagliato a dadini e, lavorando velocemente con la punta delle dita, sfrega insieme gli ingredienti: dovrai ottenere un composto costituito da grosse briciole. A parte sbatti l'uovo e il latte e versali sulle briciole; mescola con una forchetta appena il necessario perché il liquido bagni tutte le parti del composto. Versa in una teglia di 22 cm di diametro, imburrata, e disponi sopra le pesche, sbucciate e tagliate a pezzi, e i lamponi. Cospargi con lo zucchero di canna, la cannella e una grattugiata di noce moscata. Cuoci in forno preriscaldato a 200° per 30 minuti e lascia raffreddare prima di portare in tavola. Questa torta può essere preparata con altra frutta morbida e ben matura a tua scelta: pere, susine (non sbucciate), fragole, albicocche, frutti di bosco.

Una mousse per quando si ha voglia di dessert ma non ci si vuole far assalire dai sensi di colpa. Un dolce fresco, leggero e semplicemente godurioso!

Giulio e Maria

SPECIAL GUEST: GIULIO E MARIA

Mousse di ananas

Tempo di preparazione: 25 minuti + 3 ore di raffreddamento
Numero di persone: 6 Ingredienti e quantità: 1 ananas, 3 uova, 100 g di zucchero, 50 g di farina.
Realizzazione: Sbuccia l'ananas ed elimina con cura tutte le punte marroni rimaste sulla polpa. Tagliala a cubetti, mettila nel mixer e frulla fino a ridurla in purea. Separa i tuorli dagli albumi. Nella terrina dei tuorli aggiungi lo zucchero e la farina, mescola bene quindi incorpora la purea di ananas. Versa il tutto in una casseruola e metti su fuoco moderato, continuando a mescolare fino al primo cenno di ebollizione; appena arriva a bollore ritira dai fornelli. Lascia raffreddare. Monta a neve gli albumi e incorporali delicatamente alla crema d'ananas. Trasferisci in un contenitore unico o in 6 ciotoline individuali e metti a riposare in frigo per circa 3 ore. Servi la mousse ben fredda accompagnando con biscotti secchi.

Cioccolatini al cocco

Ingredienti per circa 36 cioccolatini: 200 ml di panna fresca, 60 g di burro, 90 g di zucchero, 200 g di farina di cocco, 500 g di cioccolato al latte o fondente. Tempo: 30 minuti + 3 ore di raffreddamento.

Metti in un pentolino la panna, il burro e lo zucchero e scalda a fuoco basso, mescolando, finché lo zucchero non sarà completamente sciolto. Spegni il fuoco, aggiungi la farina di cocco e mescola ancora. Stendi l'impasto in una teglia quadrata di 18 cm di lato foderata con carta da forno, e premi con le mani per compattarlo bene. Copri con un foglio di alluminio e metti in frigo a rassodare per 3 ore (o più). Trascorso questo tempo sciogli il cioccolato, tritato, a bagnomaria e taglia la mattonella preparata in quadratini di circa 3 cm di lato. Immergi i quadratini nel cioccolato fuso e ponili su carta da forno finché il cioccolato non sarà indurito.

Coppette di riso dolce

Ingredienti per 4 persone: 1 l di latte, 80 g di zucchero, 200 g di riso Originario, 1 pizzico di sale, 1 scorzetta di limone non trattato, 1 pizzico di cannella in polvere. Tempo: 50 minuti.

Metti il latte in una pentola capiente, aggiungi lo zucchero, il riso, il sale e la scorzetta di limone. Porta a bollore e, tenendo il fuoco basso, fai cuocere finché il latte non sarà stato quasi completamente assorbito (30-40 minuti); fai attenzione che il latte, bollendo, non trabocchi dalla pentola e mescola spesso, soprattutto verso la fine della cottura, per non far attaccare il riso. Quando il riso e il latte avranno formato una crema morbida spegni il fuoco e togli la scorzetta di limone, poi aggiungi la cannella e amalgama bene. Suddividi la crema in 4 coppette, falla raffreddare e conservala in frigorifero. Al momento di servire guarnisci le coppette con frutta fresca, come fragole, ciliegie o frutti di bosco misti.

Gelato allo yogurt in salsa di miele

Ingredienti per 4 persone: 10 g di burro, 100 g di miele, 1 pizzico di cannella in polvere, 1 leggera grattugiata di noce moscata, 300 g di gelato allo yogurt, 2 kiwi gold. Tempo: 10 minuti.

Mescola in un pentolino il burro, il miele e le spezie e fai sciogliere a fuoco bassissimo, mescolando, finché la salsa non apparirà omogenea. Dividi il gelato in 4 coppette, copri con la salsa al miele e guarnisci con fettine di kiwi. Servi subito.

Coppa alla vaniglia con amarene e meringhe

Ingredienti per 4 persone: 200 g di gelato alla vaniglia, ½ cucchiaino scarso di cannella in polvere, 1 pizzico di chiodi di garofano in polvere, 4 grosse meringhe, 120 g di amarene sciroppate, 100 ml di panna montata, 3 cucchiai di mandorle tostate. Tempo: 15 minuti.

Ammorbidisci il gelato lasciandolo un po' fuori dal freezer e lavorandolo con un cucchiaio di legno, aggiungi la cannella e i chiodi di garofano e amalgama bene. Sbriciola le meringhe a pezzi non troppo piccoli, distribuiscine alcuni in 4 coppe, disponi sopra il gelato, a cucchiaiate, le amarene sgocciolate, il resto delle meringhe e la panna montata. Guarnisci con le mandorle tostate tritate grossolanamente e un po' di sciroppo delle amarene. Servi subito. Puoi anche realizzare un'unica grande coppa e servire il dolce a cucchiaiate.

Fragole ripiene

Ingredienti per 4 persone: 350 g di fragoloni, 250 g di mascarpone freschissimo, 65 g di zucchero a velo, 2 cucchiai di Maraschino. Tempo: 30 minuti.

Taglia via il picciolo alle fragole e appoggiale sul lato tagliato. Con un coltello affilato pratica un taglio in verticale dalla punta della fragola verso il basso, senza arrivare fino in fondo (taglia solo i tre quarti del frutto). Metti in una terrina il mascarpone, lo zucchero a velo setacciato in un passino e il liquore; sbatti con le fruste elettriche fino a ottenere un composto liscio. Mettilo in una tasca da pasticceria o una siringa per dolci con la bocchetta a stella e spremi un ciuffo di mascarpone nel taglio di ogni fragola. Disponile in bell'ordine su un piatto di portata e tienile in fresco fino al momento di servire. Decora a piacere con foglioline di menta fresca, gocce di cioccolato ecc. Se non hai la tasca o la siringa per dolci, metti il composto in un normale sacchetto da freezer, tagliane via un angolino e spremi per farcire le fragole.

Crema di cachi e mascarpone al cioccolato

Ingredienti per 4 persone: 150 g di mascarpone, 3 cachi morbidi e ben maturi, 50 g di cioccolato fondente, 4 marron glacé. Tempo: 15 minuti.

Frulla finemente i cachi con il mascarpone (non dovrebbe occorrere zucchero, ma assaggia la crema e regola secondo il tuo gusto). Trita il cioccolato grossolanamente e mescolalo alla crema. Servi la crema in 4 coppette, guarnendo ogni coppetta con un marron glacé sbriciolato.

Cara Antonella,
ecco una ricetta tipica della tradizione di casa mia, i marillenknödel. Se ti piace la cannella puoi spolverarne un pizzico insieme allo zucchero prima di servire.

Ela

SPECIAL GUEST: ELA WEBER

Canederli di albicocca

Tempo di preparazione: 1 ora e 30 minuti Numero di persone: 4 Ingredienti e quantità: 800 di patate, 70 g di pangrattato, 200 g di farina, 12 albicocche piccole, 2 uova, zucchero, burro, sale.

Realizzazione: Lessa le patate, sbucciale e passale nello schiacciapatate. Raccogli il purè in una terrina e incorpora una noce di burro, la farina, le uova sbattute e un pizzico di sale. Dopo averlo impastato a lungo, dividi il composto in 12 porzioni. Dai a ognuna la forma di una pallina da ping pong e appiattiscila leggermente. Disponi al centro un'albicocca snocciolata e riavvolgi attorno la pasta. Porta a ebollizione una pentola d'acqua salata, getta i canederli e scolali quando vengono a galla. Separali bene, uno a uno, quindi versali in una padella con il burro fuso. Cospargi con il pangrattato e quando saranno completamente ricoperti e dorati levali dalla padella. Disponi 3 canederli caldi in ciascun piattino da dessert cospargendo di zucchero.

Amaretti con cocco e albicocche

Ingredienti per circa 30 amaretti: 125 g di farina di cocco, 125 g di farina di mandorle, 200 g di zucchero, 30 g di farina 00, 3 uova, qualche goccia di essenza di vaniglia, 1 pizzico di sale, 8 albicocche secche. Tempo: 25 minuti.

Amalgama in una terrina tutti gli ingredienti, tranne le albicocche, fino a ottenere un composto morbido e consistente. Incorpora le albicocche tagliate a pezzetti piccoli e, con le mani inumidite, forma con l'impasto delle palline grandi come una noce; ponile su una placca rivestita di carta da forno e cuoci in forno preriscaldato a 180° per 15 minuti. Lascia intiepidire gli amaretti prima di staccarli dalla placca.

Brownies alle noci

Ingredienti per 16 brownies: 60 g di cioccolato fondente al 99%, 55 g di burro più un po' per la teglia, 200 g di zucchero, 1 uovo, 1 pizzico di sale, 65 g di farina più un po' per la teglia, 60 g di gherigli di noce, qualche goccia di essenza di vaniglia. Tempo: 50 minuti.

Imburra uno stampo quadrato di 20 cm di lato, copri il fondo con un quadrato di carta da forno, imburra e infarina anche la carta. Trita le noci. Sciogli a fuoco bassissimo il cioccolato spezzettato e il burro, mescolando per amalgamarli. Togli dal fuoco e incorpora tutti gli altri ingredienti, comprese le noci tritate. Distribuisci il composto nello stampo e cuoci in forno preriscaldato a 150° per circa 30 minuti. Fai raffreddare per 5 minuti, rovescia su una gratella ed elimina delicatamente la carta dal fondo. Trasferisci su un tagliere e taglia in 16 quadrati.

Coppette di gelato con salsa di fragole

Ingredienti per 4 persone: 170 g di fragole, 25 g di zucchero, 2 cucchiai di succo d'arancia, 1 cucchiaio di amido di mais (Maizena), 100 ml d'acqua, 300 g di gelato alla crema. Tempo: 15 minuti.

Metti le fragole a pezzi, lo zucchero e il succo d'arancia in una casseruola. Sciogli l'amido nell'acqua fredda e aggiungilo alle fragole. Porta a bollore e cuoci, a fuoco basso, per 4-5 minuti, mescolando. Quando la salsa inizierà a ispessirsi spegni e frullala (continuerà ad addensarsi man mano che si raffredda). Disponi il gelato nelle coppette e versa sopra la salsa tiepida o fredda. Servi subito, accompagnando con ventaglietti di pasta sfoglia, lingue di gatto o altri biscottini secchi.

Può una donna impegnata nel frenetico tran tran quotidiano trasformarsi per un giorno in un grande pasticciere, cimentandosi con la disciplina più ostica della cucina? La risposta è sì, preparando questi muffin con Nutella e banane. Un dolce stuzzicante e irresistibile per i bambini... ma anche per i più grandi!

Muffin di banana e Nutella ...con nocciole e panna!

NEW

Tempo di preparazione: 55 minuti Numero di persone: 8 Ingredienti e quantità: 100 g di burro, 2 banane, 150 g di zucchero, 1 uovo più 1 tuorlo, 250 g di farina, ½ bustina di lievito in polvere per dolci, 200 g di Nutella, panna spray, 8 nocciole tostate.

Realizzazione: Sciogli il burro su fiamma dolce, versalo nel mixer con le banane tagliate, lo zucchero, l'uovo e il tuorlo e frulla. Aggiungi la farina setacciata con il lievito e frulla ancora per qualche secondo. Suddividi il composto in 8 stampini da muffin rivestiti con pirottini di carta e cuocili in forno preriscaldato a 180° per 35 minuti. Lasciali raffreddare, spalma la superficie con la Nutella e decora con un ricciolo di panna e una nocciola tostata.

Budino di pane al cioccolato

Ingredienti per 6-8 persone: 650 g di pane in cassetta spesso (pan bauletto), 240 ml di panna fresca, 170 g di cioccolato fondente, 60 g di cioccolato fondente al 99%, 100 g di zucchero, 5 uova grandi, 75 g di burro più un po' per la teglia, scorza grattugiata di 1 arancia non trattata, ½ cucchiaino di cannella in polvere, 1 pizzico di sale. Tempo: 1 ora e 5 minuti.

Taglia il pane a dadini di circa 2 cm e mettili in una grande terrina. Scalda la panna su fuoco basso, senza farla bollire, poi toglila dal fuoco e unisci i due tipi di cioccolato, grattugiati; mescola finché non saranno completamente sciolti. Amalgama la panna al cioccolato con lo zucchero, i tuorli, il burro a temperatura ambiente, la scorza d'arancia e la cannella, fino a ottenere un composto omogeneo. Versa sui dadini di pane e mescola per farlo assorbire. Monta a neve gli albumi con il sale e aggiungili, mescolando delicatamente, alla mistura di pane e cioccolato. Versa il tutto in una teglia quadrata di 20 cm di lato leggermente imburrata e sistemala in una teglia più grande, mettendo un foglio di carta da forno sotto la teglia con il budino. Riempi con acqua calda fino a metà altezza dello stampo più piccolo e cuoci in forno preriscaldato a 180° per 40 minuti, o finché il budino non risulterà sodo al tatto. Servi tiepido, a cucchiaiate. Puoi accompagnare questo budino con panna montata o gelato.

Pancake al mirtillo con miele d'acacia

Ingredienti per 12 pancake: 125 g di farina, 1 cucchiaino di lievito in polvere per dolci, 1 pizzico di cannella in polvere, 1 cucchiaio di zucchero, 1 uovo, 120 g di yogurt bianco intero, 150 ml di latte, 2 cucchiai di olio di semi, qualche goccia di essenza di vaniglia, 1 pizzico di sale, 120 g di mirtilli freschi, burro, miele d'acacia per accompagnare. Tempo: 35 minuti.

In una terrina mescola la farina, il lievito, la cannella, lo zucchero e il sale. A parte sbatti l'uovo con lo yogurt, il latte, l'olio e la vaniglia. Versa lentamente gli ingredienti liquidi nella terrina con quelli secchi, unisci i mirtilli e amalgama il composto senza lavorarlo troppo a lungo. Scalda una padella antiaderente e ungila con poco burro. Quando sarà ben calda versa il composto a cucchiaiate (2 per ogni frittella). Cuoci a fuoco medio finché non si formeranno delle bollicine in superficie. Volta il pancake e cuocilo anche sull'altro lato, fino a farlo dorare. Ripeti fino a esaurimento della pastella. Servi i pancake caldi accompagnando con miele d'acacia.

Il cioccolato in questa ricetta è davvero un pretesto per soddisfare la nostra golosità, perché non ce ne sarebbe davvero bisogno, visto che Maelle adora tutti gli agrumi e ne mangerebbe a quintalate. Però, in questa versione, dobbiamo ammettere che sono davvero super golosi e quindi... perché rinunciare?

RICETTA PER MAELLE

Spicchi di clementine

Tempo di preparazione: 20 minuti + 15 minuti di raffreddamento Numero di persone: 4 (o 6 bimbi) Ingredienti e quantità: 6 clementine, 150 g di cioccolato fondente.

Realizzazione: Sbuccia le clementine e separa gli spicchi, eliminando anche tutte le pellicine bianche che li ricoprono. Trita grossolanamente il cioccolato e scioglilo in un pentolino a bagnomaria. Immergi uno a uno gli spicchi nel cioccolato fuso, ricoprendoli per metà, poi adagiali su un vassoio rivestito di carta da forno e trasferiscili in frigo (o in un luogo fresco) finché il cioccolato non si sarà indurito. Stacca gli spicchi, sistemali in un piatto e servili freschi. Se ti piace puoi anche disporre gli spicchi in pirottini di carta.

Cake al limone

Ingredienti per 10 persone: 60 g di burro, 180 g di zucchero, 2 uova grandi, 125 ml di latte, 60 ml di succo di limone, scorza di 1 limone non trattato, 160 g di farina, 1 cucchiaino di lievito in polvere per dolci, 80 g di gherigli di noce. Per la glassa: 60 ml di succo di limone, 35 g di zucchero a velo. Tempo: 1 ora.

Monta con le fruste elettriche il burro morbido e lo zucchero, aggiungi le uova, il latte, il succo e la scorza grattugiata di limone. Amalgama bene. Setaccia a parte la farina con il lievito e incorporali al composto di uova. Aggiungi le noci spezzettate e mescola con una spatola. Versa il composto in uno stampo da plum-cake di circa 22x11 cm, rivestito con carta da forno, e cuoci in forno preriscaldato a 180° per 40 minuti, o finché la superficie del dolce non apparirà ben dorata. Fai la prova dello stecchino per verificare la cottura (infilzalo nel centro del dolce: dovrà uscirne asciutto). Mentre il cake sta cuocendo, prepara la glassa mescolando il succo di limone con lo zucchero a velo. Una volta sfornato il cake versala sopra distribuendola uniformemente. Fai raffreddare e togli dallo stampo. Per un dolce diverso sostituisci il limone con l'arancia e glassalo con cioccolato, fuso insieme a qualche cucchiaio di latte.

Questa è la ricetta a cui sono più affezionata, una mia specialità, almeno a giudicare dal successo che riscuoto tra famigliari e amici ogni volta che la propongo. È semplice e veloce da preparare, quindi perfetta per tutte le donne che lavorano.

Lorella

SPECIAL GUEST: LORELLA CUCCARINI

La mia torta di ricotta e cioccolato

Tempo di preparazione: 1 ora Numero di persone: 4-6

Ingredienti e quantità: 300 g di farina, 100 g di burro, 150 g di zucchero di canna, 1 uovo, 1 bustina di lievito in polvere per dolci, 500 g di ricotta, 100 g di zucchero semolato, 150 g di cioccolato al latte o fondente, alchermes.

Realizzazione: Prendi la farina, il burro, lo zucchero di canna, l'uovo e il lievito e mescolali. Otterrai un impasto non omogeneo, un po' "sbriciolato". Fodera una tortiera con poco più della metà dell'impasto. Per il ripieno amalgama la ricotta, lo zucchero, il cioccolato tritato e poco alchermes (se non ti piace o se non ne hai in casa, puoi usare anche liquori dolci di altro genere). Mescola bene e versa nella tortiera. Lascia cadere il resto dell'impasto sbriciolato fino a coprire tutta la torta. Metti nel forno preriscaldato a 180° per circa 40 minuti. Una volta cotta, lasciala raffreddare prima di tagliarla. Servila con una spolverata di zucchero a velo e piccole scaglie di cioccolato. Buon appetito!

Pesche noci alla griglia con salsa di lamponi

Ingredienti per 6 persone: 4 pesche noci mature e sode, olio di semi, succo di 1 limone, 100 g di zucchero più 2 cucchiai, 400 g di lamponi freschi (o surgelati). Tempo: 30 minuti + il tempo di raffreddamento.

Dividi le pesche a metà ed elimina il nocciolo. Taglia ogni mezza pesca in 2 quarti, spennella i lati con olio di semi, irrora con il succo di mezzo limone e cospargi con 2 cucchiai di zucchero. Scalda molto bene la griglia e cuoci le pesche 2-3 minuti per lato e poi mettile da parte. Prepara la salsa: mescola in una casseruola i lamponi, il succo del mezzo limone restante e lo zucchero. Metti la casseruola su fuoco medio-alto e cuoci per 10 minuti, finché la frutta non si sarà disfatta. Frullala o passala al passaverdura e lasciala intiepidire. Servi le pesche grigliate con la salsa di lamponi. Puoi accompagnare questa preparazione con gelato alla vaniglia e fette di pane briosciato dolce tostate. Per un dessert originale sostituisci le pesche noci con fette di ananas fresco spesse 2-3 cm. Se invece condisci l'ananas con sale e pepe anziché zucchero ed elimini la salsa, otterrai un ottimo contorno per una grigliata di carne di maiale.

Ciambellone da inzuppare

Ingredienti per 8-10 persone: 3 uova, 200 g di zucchero, 2 cucchiai di liquore all'anice, 100 g di burro più un po' per la teglia, 1 bustina di lievito in polvere per dolci, 1 pizzico di sale, 500 g di farina più un po' per la teglia, 3 cucchiai di latte, 50 g di granella di zucchero. Tempo: 55 minuti.

Sbatti le uova con lo zucchero usando le fruste elettriche, finché non saranno spumose, unisci il liquore, il burro fuso e lasciato intiepidire, il lievito setacciato con un passino, il sale e amalgama bene. Aggiungi la farina e impasta senza lavorare troppo a lungo. Trasferisci l'impasto sul tavolo infarinato, fai un lungo salsicciotto e adagialo in uno stampo ad anello di 24 cm di diametro, unto e infarinato; spennella la ciambella con il latte e cospargi con la granella di zucchero. Cuoci in forno preriscaldato a 180° per 40 minuti. Fai la prova dello stecchino prima di sfornare (infilzalo nella parte più spessa della ciambella: dovrà uscirne asciutto). Questo ciambellone si accompagna bene con una tazza di latte o di tè oppure con un bicchiere di vino dolce o una cioccolata alla nocciola: scalda un bicchiere di latte, unisci 2 cucchiaini di cacao solubile zuccherato e 2 di Nutella; mescola bene.

Il segreto di questo dolce sta nel titolo... Torta "facile", perché si prepara senza bisogno di essere maestri pasticcieri. E chi storce il naso davanti alle carote dovrà ricredersi: l'abbinamento con la glassa di cioccolato è la bontà fatta... torta!

1° LE TOP DI CASA CLERICI

NEW

Torta facile di carote con... glassa di cioccolato!

Tempo di preparazione: 1 ora Numero di persone: 6 Ingredienti e quantità: 3 uova, 250 ml di olio di mais, 220 g di zucchero di canna grezzo, 185 g di farina autolievitante, 1 cucchiaino di bicarbonato, 2 cucchiaini di cannella in polvere, 250 g di carote grattugiate, un pizzico di sale. Per guarnire: 125 g di cioccolato fondente al 72%, 50 ml di latte.

Realizzazione: Unisci tutti gli ingredienti tranne le carote in una terrina e lavorali con una frusta elettrica finché il composto non sarà omogeneo. Incorpora le carote grattugiate. Versa il composto in una teglia di 26 cm di diametro rivestita di carta da forno e cuoci per 45 minuti circa nel forno preriscaldato a 180°. Quando la torta è pronta, ponila a raffreddare su una gratella. Nel frattempo metti il cioccolato a pezzetti e il latte in un pentolino, poggialo su un altro contenente acqua in leggera ebollizione (bagnomaria) e fai sciogliere. Mescola delicatamente e versa la glassa sulla torta, lisciandola con una spatola. Fai rapprendere la glassa prima di servire.

Barrette al cocco e cioccolato

Ingredienti per circa 32 barrette: 130 g di frollini al cacao, 400 g di latte condensato zuccherato, 80 g di gocce di cioccolato, 100 g di farina di cocco. Tempo: 40 minuti.
Sbriciola finemente i frollini nel mixer, mettili in una terrina e impastali con tutti gli altri ingredienti fino ad avere un composto uniforme. Rivesti con carta da forno una teglia quadrata di 22 cm di lato, versaci il composto preparato e livellalo con un cucchiaio bagnato, premendo bene. Cuoci in forno preriscaldato a 180° per 30 minuti, lascia raffreddare completamente e poi taglia a barrette.

Biscotti ai semi di papavero

Ingredienti per circa 36 biscotti: 180 g di zucchero, 220 g di burro, 1 uovo, 230 g di farina, 2 cucchiai di semi di papavero, 1 cucchiaino di lievito in polvere per dolci, 1 pizzico di sale. Per la glassa: 200 g di zucchero a velo, ½ limone non trattato. Tempo: 20 minuti + il tempo di raffreddamento.
In una terrina mescola lo zucchero, il burro ammorbidito e l'uovo, poi aggiungi tutti gli altri ingredienti e amalgama bene. Disponi l'impasto, con un cucchiaino, a mucchietti ben distanziati su una placca rivestita di carta da forno e cuoci in forno preriscaldato a

190° per 10-11 minuti. I biscotti saranno pronti quando i bordi diventano dorati. Lascia intiepidire prima di staccarli dalla placca. Prepara la glassa amalgamando lo zucchero a velo con 2 cucchiai di succo di limone e una grattugiata di scorza. Spennellala sui biscotti e lasciala rapprendere prima di servirli.

Gratin di crema e uva

Ingredienti per 4 persone: 250 g di acini d'uva, 4 tuorli, 4 cucchiai di zucchero, 150 g di mascarpone, 2 cucchiai di latte, 3 cucchiai di farina di mandorle, 2 cucchiai di Maraschino, burro per le teglie, zucchero a velo. Tempo: 25 minuti.

Taglia gli acini d'uva a metà ed elimina i semi. Imburra leggermente 4 teglie da forno individuali e distribuisci in ognuna un po' di uva. A parte monta i tuorli con lo zucchero, unisci il mascarpone e il latte e, quando il composto sarà omogeneo, aggiungi la farina di mandorle e il liquore e mescola bene. Versa la crema nelle teglie con l'uva e cuoci in forno preriscaldato a 200° per circa 10 minuti, quindi spegni il forno e accendi il grill per 1 minuto, per dorare la superficie. Servi tiepido spolverando con zucchero a velo. Porta in tavola ogni teglia appoggiata su un piattino ricoperto da un tovagliolo ripiegato.

... e come non finire la cena se non con un super dolce da togliere il fiato?!
Cara Anto, ti facciamo dono di questa ricetta perché tu possa goderne in compagnia della tua splendida famiglia ricordando le belle giornate estive passate insieme!
Simone e Mita

SPECIAL GUEST: SIMONE E MITA

Strudel di ricotta

Tempo di preparazione: 1 ora Numero di persone: 6-8
Ingredienti e quantità: 100 g di burro, 300 g di ricotta, 70 g di zucchero, 30 g di amaretti morbidi, 30 g di granella di mandorle tostate, 80 g di cioccolato fondente, 100 g di pangrattato, 6 fogli di pasta fillo, zucchero a velo.
Realizzazione: Fondi il burro a fuoco lento. Monta la ricotta e lo zucchero con le fruste elettriche, incorpora gli amaretti sbriciolati, la granella di mandorle e 60 g di cioccolato sminuzzato. Scalda una padella con poco burro fuso e metti a dorare il pangrattato. Fodera una teglia con carta da forno imburrata. Disponi un foglio di pasta fillo sulla teglia, spennellalo con un po' di burro fuso e sovrapponi tutti e 6 i fogli, unti allo stesso modo. Distribuisci il pangrattato sulla parte centrale delle sfoglie sovrapposte e disponi sopra il composto di ricotta. Arrotola lo strudel sigillando le estremità e cuoci in forno preriscaldato a 200° per circa 40 minuti. Servilo tiepido cosparso con zucchero a velo e il restante cioccolato a scaglie.

Ravioli dolci alla frutta secca

Ingredienti per 16 ravioli: 20 g di gherigli di noce, 20 g di mandorle, 40 g di confettura di albicocche (o pesche), 1 rotolo di pasta brisée fresca, 2 cucchiai di latte, zucchero. Tempo: 30 minuti.

Trita non troppo finemente le noci e le mandorle e mescolale con la confettura. Stendi il rotolo di pasta, ricavane 16 dischetti aiutandoti con un tagliapasta o un bicchierino e posa su ogni dischetto una parte del composto di confettura e frutta secca. Piega i dischetti a metà e sigilla i bordi premendoli con le dita. Spennella i ravioli con poco latte e cospargi con abbondante zucchero. Metti i ravioli su una placca rivestita di carta da forno e cuoci in forno preriscaldato a 180° per 15 minuti. Servili tiepidi o freddi.

Crumble di mele

Ingredienti per 8 persone: 5 mele Golden o renette, 120 g di miele, ½ cucchiaino di cannella in polvere, 100 g di burro più un po' per la teglia, 60 g di zucchero di canna, 140 g di farina, la punta di un cucchiaino di lievito in polvere per dolci, 1 pizzico di sale. Tempo: 50 minuti.

Sbuccia le mele, privale del torsolo e tagliale a fette; mettile in una teglia quadrata di 22 cm di lato, leggermente imburrata, e cospargile con il miele e la cannella. A parte lavora con un cucchiaio il burro fuso e raffreddato, lo zucchero, la farina, il lievito e il sale, finché non avrai ottenuto un composto bricioloso. Distribuiscilo sulle mele e cuoci in forno preriscaldato a 180° per 40 minuti, finché le briciole non saranno diventate una crosticina dorata. Servi tiepido, irrorando se lo desideri con panna fresca.

Biscotti alla Nutella

Ingredienti per circa 24 biscotti: 90 g di fette biscottate, ½ cucchiaino di lievito in polvere per dolci, 1 pizzico abbondante di sale, 1 uovo, ½ cucchiaino di essenza di vaniglia, 250 g di Nutella. Tempo: 20 minuti.

In una terrina sbriciola finemente le fette biscottate, unisci il lievito setacciato con un passino e il sale; aggiungi l'uovo, la vaniglia, la Nutella e mescola con le mani per ottenere un impasto ben amalgamato. Forma con il composto delle palline della grandezza di una noce, appiattiscile leggermente con la mano e ponile, ben distanziate, su una placca rivestita con carta da forno. Cuoci in forno preriscaldato a 180° per 8-9 minuti (i biscotti saranno pronti quando avranno formato delle piccole crepe in superficie). Lascia raffreddare prima di staccare dalla placca.

Queste banane allo zenzero le dedichiamo alla piccola Maelle... golosona come la sua mamma!

Giulio e Maria

SPECIAL GUEST: GIULIO E MARIA

Banane allo zenzero

Tempo di preparazione: 25 minuti Numero di persone: 4
Ingredienti e quantità: 25 g di uvetta, 50 g di burro, 4 banane non troppo mature, 2 pezzetti di radice di zenzero, 2 cucchiai di succo d'arancia, 1 cucchiaio di sciroppo di zenzero, 2 cucchiai di Rum.
Realizzazione: Preriscalda il forno a 200°. Metti ad ammorbidire l'uvetta in una tazza d'acqua bollente per 5 minuti, poi scolala e asciugala bene. Nel frattempo fai fondere il burro. Trasferisci le banane tagliate a fette in uno stampo e cospargile con il burro fuso, l'uvetta, lo zenzero tritato, il succo d'arancia, lo sciroppo di zenzero e il Rum. Metti nel forno caldo e lascia cuocere per 15 minuti. Servi ben caldo accompagnando con gelato alla vaniglia. Per un sapore più cremoso puoi aumentare la quantità di burro fuso.

Indice

RISO E ALTRI CEREALI

GNOCCHI

ZUPPE, MINESTRE, VELLUTATE

LEGUMI

BISCOTTI E DOLCETTI

TORTE

DOLCI AL CUCCHIAIO

FRUTTA

Finito di stampare nel mese di ottobre 2011
presso Grafica Veneta, Trebaseleghe (Padova)